JN103219

村上孝博
MURAKAMI Takahiro

シニア起業は宝の山

元銀行員がパン屋を始めてわかったこと

文芸社

はじめに

この本は、料理もしたことがない元銀行員が、定年退職後に職業訓練講座を受けたことをきっかけに、米粉パン屋を起業してからの七年間の出来事を時系列的、物語風に綴ったものです。

各種セミナーやマルシェ（ここでの意味は生産者が直接、市場などで販売すること）を通じて出会った方々との交流、人脈の広がる過程、店舗運営にまつわるエピソード、理念や商品を知ってもらうための工夫、マスメディアからの取材経緯やその効果、ホームページやSNSの使い方と効果、採算の考え方と具体的な方法、米粉の知識、起業の手順、定年前のビジネス経験が役立った事例などについて、経験に基づいて書いてあります。最終章に「シニア起業のコツ」「起業に伴うリスクを知る」「時代の流れ」としてまとめてあります。

起業を考えている人や、どうしようか迷っている人の参考になるような視点で書きました。「シニアの視点」「銀行員からパン屋」という流れですので、業種的に狭くなります。普遍的な気づきと属人的な面が併記されています。

第一章は、起業の経緯が大半を占めていますので、起業に関するノウハウ的なことを知りたい方は第二章からお読みください。

起業したことによってさまざまな気づきがあり、また学びも多いものです。やってみないとわからないというのが偽らざる実感です。悩むことも時にはありますが、楽しいことも喜びも銀行員時代とは違った味わい方ができます。今までとは違った角度から社会や経済を見ることになりました。

私が体験したことを基にしていますので、読者の皆さまの身に置き換えて読んでいただき、何らかの行動のきっかけになれるのなら望外の喜びです。

「定年後も働くとは」「定年までの仕事をどう関連付けるのか」「自分の役割とは」といったことを感じ取っていただけたのなら幸いです。

もくじ

第一章　〈六〇歳〉チラシが私を呼んでいた！

普通の会社員として

まずは銀行勤務時代について、お話しします。入行後、三重県の支店に配属になり、その後名古屋と東京の事務センターを経験した後、関東地区の支店で営業を担当。バブル期の前後にいくつかの支店で主に融資を担当しました。その後、バブル処理専門部署新設に伴い中部地区で短期間所属し、銀行合併直後の融資事務指導を経て、地域金融機関での立て直しに従事しました。

その地域金融機関から銀行に戻るとすぐに、トヨタ系部品会社への転籍が用意されていました。総務・経理を担当しながら、原価計算プロジェクトに参加。リーマンショックを乗り切り、六〇歳で定年退職しました。

六五歳まで働く選択肢もありましたが、人工透析になる母親の介護をすると決めて、退職し、帰郷しました。ところが、病院を変えて腎臓に詳しい医師の診断を受けたところ、数日しか命がもたない、別の病因が見つかりました。そして、人工透析を行う前に母は他界しました。

「自分のことはいいから、あなたのやりたいことをやりなさい」と、言われているように感じ、私は新たな道を探そうと決意したのです。

職業訓練講座のチラシが私を呼んでいた

母を見送った後、横浜に戻りました。岐阜の田舎では仕事もなく、知人のいる横浜で仕事を探そうと思いました。退職して半年を過ぎた頃から体調が悪くなりました。何もやることがなくブラブラして生活も不規則となり、人と話す機会が減ったことも影響していたかもしれません。早く仕事を見つけなくてはと思っていた頃です。

いつものようにハローワークでの作業を終えて帰ろうとすると、出口で何やらチラシを配っている人がいました。いつもはチラシを受け取らない私が、なぜかその時は「何の案内ですか」と自分から尋ねました。すると「介護、農業、米粉パンの六カ月の無料講座です。ホームヘルパー二級の資格も取れます」といった説明がありました。内容に特に興味はありませんでしたが、無料という言葉に反応して、「受けてみます」と返答しました。チラシを配っている人は、地方自治体の委託事業や介護関係の事業所立ち上げを主な仕事にしている団体でした。後になってわかったことですが、講座運営団体の講座開始手続きが遅れた影響で受講生が集まらず、やむを得ず急きょチラシを作成して配っていたようです。

講座開始手続きが遅れていなければチラシを見ることもなく、受講しなかったと思いますので、不思議な縁を感じます。

講座開始して三日後、東日本大震災が発生しました。横浜は震度5強。講座の開催場所は横浜スタジアムの近くの古いビルの四階でした。揺れが落ち着いてからビルから逃れましたが、そのビルのガラスが落ちて道路に飛散していて揺れの凄まじさを物語っていました。講座は中断し、一カ月半後に場所を変えて再開されました。

その後、ほぼ毎月炊き出しに石巻に行くことになりますが、それが縁で出会った方々からマルシェ情報や空き店舗、販路などさまざまな支援をいただくことになります。

熱血講師から触発を受ける

開講挨拶の後、講師の方々がそれぞれ専門分野について講義をされました。その中で、食品経済学が専門の日本大学元教授の安村先生が、「日本の食糧自給率は世界主要国で最下位」「米消費量半減」と訴え、田園都市構想なるものを講義されました。「あなた方も関心を持って、その方面の仕事に就いて社会貢献してはどうか」と迫力ある声で迫られ、圧倒されて大いなる触発を受けました。熱血講師の安村先生は後に、私の起業決心に多大な影響を与えてくださった方です。

講座は座学と実習で、延べ一〇〇日でした。起業の決意をすることになった背景と、その講座内容で強く印象に残ったことを書きます。

【介護福祉の現場で】

特別養護老人ホームで「寝たきり」の現状を案内していただいた時のことです。

寝たきりとなった原因はさまざまだと思いますが、こうならないようにするにはどうしたらいいのかと考えました。

介護実習では、着替えや食事介助、入浴介助などをしましたが、ほんのわずかな時間にもかかわらず精神的にも肉体的にもずいぶん疲れました。介護を体験した人でないとわからないと聞いてはいましたが、本当に大変です。介護はなくてはならない大事なことですが、介護が必要にならないような予防ができないかと強く思いました。

【農業の現状を目の当たりにして】

農業実習では、トマト、小松菜などの単品種を栽培している農家や、花卉(かき)市場へ花を納めている農家、多品種少量栽培している農家を数軒体験させていただきました。毎日延々と同じ作業の繰り返しです。私たちが作業を始める前に朝早くから準備し、終わってからも片づけや、ほかの作業があります。お聞きすると「時給三〇〇円くらいだよ」とのことでした。

座学では米の消費量がピーク時から半減したこと、なぜ消費が減ってきたのか、その背景などの説明を受けました。どうしてそんなに減ってしまったのか、驚きと共に大きな疑問が湧きました。

■お米が危ない！

米の消費量の減少は生産量の減少につながり、その結果、耕作放棄地が増え続けていることになります。それまでは岐阜の実家に帰っても特に気にしてはいませんでしたが、この話を聞いてから改めて田んぼだったところを眺めてみると、やはり荒れ地が目立ちます。高齢になってお米を作れなくなった農家の田んぼを、私の同級生が引き受けて耕作するようになったという話を聞きました。いったん休耕となった田んぼを再開するには、多大な労力がかかるといいます。

また、実習に伺った農家の方は六〇代の方が多かったのですが、聞くところによると平均年齢は六七歳だそうです。「親の苦労を間近で見ている子どもは農業を継がない」とある農家の方が言っていましたが、あと一〇年経ったらどうなってしまうのかと思うと、超高齢化の波は農家を直撃しそうに思いました。団塊の世代の高齢化と共に農業の高齢化社会の到来を垣間見たような気がします。

【最終着地点、米粉パンづくり】

最後の講座のテーマは米粉パンでした。パンやケーキに興味のなかった私は、ケーキの種類もよくわからず、シフォンケーキがどういうものかも知らず、食べたこともありません。講師が用語の説明もなくメレンゲという言葉をたびたび口にするので、「メレンゲってなんですか?」と聞きました。講師にしてみれば説明する必要のないほど当たり前の言葉なので説明しなかったのでしょうが、内心はあきれていたと思います。

＊メレンゲとは「卵の卵白を泡立てたもの」「泡立てた卵白に砂糖や香辛料を加えたもの」

米粉を使ったパンとシフォンケーキの実習もしました。実習は延べ一〇日くらいだったと思います。米粉パンの実習では機械を使わずに、米粉に水を加えて「手捏(てご)ね」で生地を作るのですが、生地が手にへばり付いて生地が完成せず、ほかの受講生より大幅に遅れて講師に迷惑のかけっぱなしでした。

起業の決意

講座開始時、責任者の説明で、「受講生が事業を立ち上げる選択肢もある」と言っていたことは薄々覚えていたのですが、講座開始からほぼ三カ月が経過した頃、事業の立ち上げを促すような雰囲気が伝わってきて、運営団体や安村先生の意図がわかりました。

「介護と農業の講座で社会的課題を考えさせるきっかけを与え、対策としての米粉パンの店経営」という流れです。受講生五名で相談した結果、全員一致で「やろう！」ということになりました。安村先生の、心を揺さぶるような講義の影響が大きかったと思います。

今、改めて講座のカリキュラムを見てみると、「ＮＰＯ立ち上げ」「助成金申請」「しごと起こし」「パン工房経営のポイント」など、後半部分は事業立ち上げに必要な項目が網羅されていて、明らかに「事業立ち上げのお誘い」になっていました。

講座の一環として、介護・農業・米粉パンの講義、実習を受け、壮大な事業構想を作りました。「二つの高齢化」「経済の不安定化」「災害などによる食料不足」を想定しました。対策として「食の提供」「農家支援」「高齢者の生活支援」「地域交流」「未就労者の雇用創出」を行う。そのためにモデル事業体を起業して、子事業体に暖簾（のれん）分けして拡大していくというビジネスモデルです。

起業者が場所と食を提供し、そこに人が関わることでコミュニティが生まれる。米粉を介在することで循環型社会が復活し、生態系の維持につながるという構図です。目標は米粉カフェの全国展開です。まずは藤沢市からスタートする予定でした。

この時、文章で表現した理念は、七年後に「コンセプトイラスト」に落とし込まれ、「伝えるツール」として活用されることになります。

■デタラメ収支計画

この時に思い描いていた事業構想は、冷静に考えれば誰でも無理だとわかる計画でしたが、その時は全員がやる気になっていましたので、「五人分の生活費確保」を前提に計画を作りました。その結果、毎日五〇〇個のパンを作って売る収支計画となりました。

二年後の物件探しの時に、奇しくも同規模のパン屋を不動産業者から紹介されました。そのパン屋は大きな団地の入り口にあり、その広さと人通りにびっくりです。販売用レジが二台あり、奥の製造室はパン工場でした。一週間かけて自動でパン生地ができる大型機械が二台と、捏ね機（こき）やガスオーブンが各三台、そのほかにも数台器具があったように記憶しています。不動産会社の人は「一日一〇万円の売り上げがあった」と言っていましたので、一日六〇〇個近く作る計算になります。

素人受講生がどんなに頑張っても手に負えるような規模ではありません。ましてや、それだけの個数を毎日売れるかということです。机上の空論ではなく、営業しているパン屋に聞きに行くとか、作る過程を想像することが必要ですが、場の空気が冷静さをなくしていたのです。

気づき

想いは大事だが、暴走する恐れもある。

■危うかった物件探し

講座日程が終わりに近づいた頃から、店舗物件を受講生五人で探し歩きました。いろんな人から情報を得て現場を見るのですが、なかなか決まりません。後で聞くと反社会的勢力が絡んでいるとか、相続で揉めているとかの物件もありました。受講生五人分の生活費を捻出するために、どれくらいの店舗の広さが必要かをはじめ、作った商品が捌けるかの検証もないまま探していたのです。契約していたら取り返しのつかないことになっていました。今思うとぞっとします。

気づき

手順を間違えると大きなロスが生じる。

震災が気づかせてくれたこと

東日本大震災が発生して一カ月後には、講座運営団体の責任者が石巻に足を運んでいました。その後は毎月のように大量の食料や衣類を積んで炊き出しに出かけていました。運営団体の職員が主体でしたが、炊き出しが報道されたこともあり、炊き出しに参加したいという一般の方々も加わりました。

土曜日の深夜にバスで横浜を出発し、翌早朝に石巻の仮設住宅に着くと炊き出し準備を始めて、昼過ぎに横浜へ出発するという弾丸スケジュールでした。

この復興支援という形で始まった活動からは、その後のコミュニティのあり方を考える上で大きな影響を受けました。最初の頃は私たちがすべて準備をして、被災者の方々は食べるだけというスタイルでしたが、途中から一緒に調理するようになりました。一方的ではなく参加することで一体感が生まれ、交流ができるようになっていきました。

気づき

被災者を励ましに行っているつもりが、懸命に前に向かおうとしている被災者の方々から、逆に私たちが励まされていた。被災者の方々と一緒に料理を作ることが心の通った交流だと感じた。

第二章　〈六一歳〉デイサービスで間借り起業

週二日の間借り起業

安村先生の後押しや講座運営団体の計らいで、同団体の運営するデイサービスのスペースを週二日、借りることができました。そこにはデイサービス利用者用の厨房があり、米粉パンを作れる環境になっていました。営業許可を取るために手直しをして、営業を開始することができました。

費用は団体側が負担することになり、一年間の売上状況を見て本格的に団体内で事業とするのか、私たちが独立して自分で事業を起こすのかを決めることで開始したのです。

このデイサービスは開設から一年が経ち、一周年記念の会を行うことになっていました。それとの相乗りで私たち受講生の事業もオープニングセレモニーを行うことになり、私は事業の意義や具体的な活動内容を発表しました。

会には運営団体職員、デイサービス利用者、講座関係者、協力農家はじめ私の友人も多く参加しました。大人数なので建物内には収まらず、敷地内の駐車場で式を行うことにしていました。ところが、当日は土砂降り。私はいわゆる「晴れ男」で雨に降られることはほとんどなく、石巻の炊き出しやマルシェ出店でも助かっていますが、大事な場面で大雨にあったのはこの時だけだったように思います。何はともあれ「いざ出陣」の意気込みでした。

■元気だが、家に話し相手のいない高齢者

そのデイサービスは元気なお年寄りが来て、一日一〇〇〇円で夕方までいることができました。リラックス体操指導資格を持った方が定期的に教えたり、そば打ち教室を開催するなどのイベントがあります。何もない時はお茶を飲んで世間話をします。ほとんどが七〇~九〇歳代の女性です。月、水、金に開きます。「こういう場所が近くにあって本当に助かるわ。話し相手がいないと気が狂いそう」と話していたことが印象に残っています。

そういえば、実家の父が亡くなって母親一人になってから、週一回帰省していましたが、私が行くと一方的に近所の誰それがどうしたこうしたと話し出すのです。私が

聞いていなくても相槌を打たなくてもお構いなしに一方的に話し続けるのです。日頃話し相手がいないため、話し相手ができると一気に話し出すということがわかりました。話し相手がいないとはこういうことなのだと思い知らされ、事業構想の重要な位置付けとなりました。

気づき

話し相手のいない人の居場所を作ることの意義を実感。

■職業訓練講座

ハローワークの職業訓練講座は、職のない人が講座でスキルを身に付けて職に就くための制度です。講座が終了してから事業を起こして収入を得るまでには時間を要します。ともに学び、店舗物件を探し歩き、相談しながら五人で考えた事業でしたが、冷静に考えて無理だと判断し身を引く人や、講座終了後はバイトや家業手伝いとして働く人、体調不良などの理由で別れていきました。間借り起業を開始して数カ月後には私一人となりましたが、みんなの分も引き受けたという想いでした。

気づき
スキルを身に付けたからといって職に就けるほど甘くない。まして起業となると、生活できるまでには相当の年月がかかる。

■警戒された野菜直売と事業者との軋轢（あつれき）

農業実習で親身になって教えてくれた農家さんが野菜を提供してくださるということになり、デイサービスの軒先を借りて近場の方に直売をすることになりました。軽く考えていたのですが人通りは少なく、奥まっていることもあり、売れません。道路まで出て通りかかる人に声を掛けると怪しまれ、困り果てて敷地内から「おはようございます」「こんにちは」と明るく笑顔で挨拶だけをすることにしました。

二週間ほど続けていると周辺の住人も何となく理解し始めたらしく、少しずつ売れ始めました。もともと新鮮でおいしく安いこともあり、半年後にはクチコミで広がって、野菜が運び込まれるのを待って、客同士が奪い合うまでになりました。お世話になった農家さんに少しだけ販路開拓のお手伝いができて、ほっとしました。私が横浜でお店をオープンした時に販売することになったのは、この時の農家さんとのご縁です。

そんなスタートだったのですが、一個二〇〇円程度のパンを一日数個や、一束一〇〇円の野菜を扱ったところで大した利益にはなりません。売上高の経費に対する比率を事業所単位で本部に管理されている事業所にしてみれば、私たちはお荷物以外の何物でもなかったでしょう。時折「俺は今日〇〇万円の仕事をしてきた。おまえは今日いくらの売り上げだったか?」と露骨に話をしてきます。

この事業をやる意義を事業所の人に理解してもらえないことは辛かったですが、それよりも講義での熱心な講師の話を思い出し、また応援してくださる方々の思いが励みになりました。

気づき

諦めず続けることが大事。閾値(いきち)を超えると結果がでる。クチコミの効果を実感。人は自分の立ち位置で物事を考える傾向にある。そのことを理解すればストレスにならずに済む。

■場違いなシフォンケーキ

ここで作って売ったのはプレーンパン、あんパン、フランスパン、シフォンケーキです。事業所の団体職員で調理師免許を持っている食通の人が、フランスパンを気に入ってリピートしてくれて、とても励みになりました。あんパンも好評でした。一方シフォンの方はデイサービスに来られる方々には「味が薄くておいしくない」「柔らかすぎる」と不評でした。

不評の理由は、恐らくお客さまが農家のお年寄りが多く、シフォンになじみが薄いことや、あんパンなどの甘いものに慣れていることではないかと思います。不評の原因を探らずシフォンの販売をやめていたら、今経営している「カフェらいさー」は存続していなかったかもしれません。

気づき
食の好みは千差万別。何が受けるかわからない。場所を変えて試してみると違った結果が生まれることもある。

打って出る

待っていてもお客さまが来ないなら、外へ出て売り歩こうと考え、人の集まる場所を見つけ、試食用のシフォンを持って出かけました。講座運営団体の情報を頼りにいろんなセミナーやマルシェに参加し始めたのです。セミナーには同じ目的で参加している人が多いので、お互いに自己紹介してシフォンを試食してもらいました。名刺交換だけで終わらないように、この頃からSNSを使って交流することを意識し始めました。

■いきなり銀座のマルシェに出店

最初に出店したマルシェは銀座でした。運営団体と人的つながりがあるビルオーナーから話があったようです。ビルを取り巻くように敷地内に各店がブースを設営して、商品を販売します。ランチ後にスイーツを注文することを期待してのオーナーの計らいで、私たちはビルの一階のカフェを借りることになりました。

カフェへ入ってくるお客さまが少ないので、道路へ出て試食を勧めました。無言で足早に通り去る人が多く、間借りデイサービスで野菜を販売し始めた時と同じような状況です。初陣は多難なスタートとなりました。友人で、café santeを経営する料理研究家のみぃさん、元銀行仲間が来てくれて、とても励みになりました。また、運営団体や安村先生、ボランティアも手伝ってくれ、盛り上げてくれたことが救いです。

気づき

顔を出してもらえることのありがたさをつくづく感じた。このことを教訓にして、友人のマルシェや記念行事には参加することを心がけている。

さらに、日本橋では「復興市」と銘打ち、多くの店舗が出店しました。私は運営団体関連のお店と一緒のブースで販売し、この時はよく売れ、完売しました。前回の銀座マルシェはオフィス街なので、会社員が仕事で通ったり、昼食のための通路だった可能性が高く、購買意欲が弱かったかもしれません。復興市には、人は何か買うつもりで来るので売れたと思いました。

■日大学生とのつながり

東日本大震災で大学の授業が中断していた時期に、日本大学生物資源科学部食品経済学科の学生が、他大学の学生と連携して食のサークルを結成し、食に関する活動を始めていました。デイサービスでの食事会をサークルが企画した際、安村先生や講座運営団体つながりで、「米粉パンを提供しないか」と声が掛かりました。

このことがきっかけとなって、その後も農水省主催の「食と農林漁業大学生アワード」でサークルがプレゼンする企画があり、「自分たちはブースで販売する商品がないので、米粉シフォンを提供してもらえないか」と声を掛けられました。販売も学生がするということで、私は見ていましたが、ここでも完売となり自信がつきました。

その後、学生たちは卒業し社会人として働いていたようですが、その時のリーダーの方が会社を作って本格的な食の事業を始めることになり、レセプションパーティーの案内がありました。SNSではお互いの活動を見ていましたが、五年ぶりの再会です。何やらコラボできそうな雰囲気で、わくわくです。

■マルシェ出店あれこれ

また、石巻復興支援で一緒だった人が、鎌倉の有名飲食店で絵の教室をやっていて、私にそこで米粉パンを販売してみてはどうかと声を掛けてくれました。少し気後れしましたが、やってみたら好評で、五回くらい出店しました。その店の女将さんは人脈が広く、その中から何人か紹介していただき、新たなつながりができました。

その後も運営団体の集会やイベントにパンやシフォンを販売する機会をもらい、また自分でも少しずつ独自のルートを開拓していきました。

ある時、運営団体と関係のある起業支援団体から出店の案内があり、大勢の人出が見込めるとのことで準備を始め、シフォンを作り置きし、パンは前日に作ることにしました。なぜかパンを作り始める気になれず、時間が経過しモヤモヤしていると、「明日は大雪になるので、参加者の安全面を考慮して中止することになりました」との連絡です。ずいぶん前から準備をしてきた主催者の皆さんは難しい判断を迫られ、大変だったことと思います。

このマルシェが中止になり、しばらく交流がなかったのですが、この時の印象が強く残っていて、後日つながりができ、今では主力マルシェ先として出店させてもらっています。

■助成金申請の失敗原因

講座運営団体が助成金の情報を見つけて申請することになり、私が準備を担当しました。採択される自信があったのですが、一次選考で落ちました。五項目の総合得点で上位何社かがパスするしくみになっていて、上位グループの平均得点と私たちの得点は僅差でした。五項目中のある項目がやや低いことがわかりましたが、内容はわかりません。

その後、別の助成金選考プレゼンテーションを見学する機会がありました。一次書類審査をパスした団体・個人の発表や審査員コメントを聞いて、分野を絞って課題を浮かび上がらせるのが通りやすいと感じました。欲張った多分野での課題解決提案では、助成金の獲得は難しいことがわかったのです。

起業の大きな分かれ道

間借り起業開始から一年が経過したので、起業の可否を講座運営団体と協議しました。運営団体組織内での事業ではなく、単独での事業として独立することになりました。運営団体の考えは私の選択結果を尊重する形でしたが、組織内事業として引き留めた場合のリスクやどこまで支え切れるかの判断が難しかったのではないかと推測しています。協議結果が出てからも賃借物件が見つかるまではデイサービスの厨房を使用させていただき、マルシェ出店に支障が出ないよう配慮してくれました。

事務所の間借り、厨房改装、運営費用の負担、運営団体イベントでの商品販売、マルシェなどの出店手配、各種情報の提供など、さまざまな支援をしていただき本当に感謝しています。

■幻に終わった共同起業

運営団体との話がまとまった後、和田町カフェ（後述）で出会ってからセミナーやパン教室などでご一緒して気心のわかっているみぃさんと、共同でカフェを開店する相談をしました。

石巻復興支援で知り合った人から、「中央林間に知人が経営する洋品店兼カフェが空いているけど話してみる?」と声掛けがあり、検討しているうちに、みぃさんのご主人も検討に加わるようになりました。

ご主人は会社勤めなので、これから始めるカフェの収入がなくても大丈夫と私は思っていました。検討を重ねるうちに、みぃさんの健康を心配したご主人が「会社を退職して自分も加わる」との方向になりました。三人分の生活資金を捻出するのは難しいと考えた私は、共同事業立ち上げに消極的になり始めました。

中央林間の物件は、一部借りるか全部借りるかが難しい選択でした。結局別の物件を探すことになり、みぃさんご夫妻は別の物件を見つけて私とほぼ同じ時期にカフェを開店しました。

みぃさんご夫妻とは、その後も一緒にマルシェに出店したり、食材・レシピ・仕入れ先などの情報交換で交流を続けていて、お互いの活動状況をSNSで見ながら刺激し合っています。

気づき

誰と起業するかは重要。信頼できる友人からの紹介や気心のわかっている人が望ましい。依存や押し付けのない関係が必要。

第三章　〈六二歳〉出会い

出会いを引き寄せるセミナー参加

話は一年前に遡（さかのぼ）ります。最初は藤沢市の主催するセミナーに参加しました。市の財政が厳しい中で、藤沢市では助成金の替わりにビジネスマッチングの企画運営や、各種の情報を提供するという方針のように感じました。このセミナーで知り合った方からもセミナーの情報を聞いて、いろいろなセミナーを渡り歩いていました。

多数参加し、数をこなすうちに、自分の目指すことに近い内容を講義している団体と出会いました。それからは放浪するのをやめ、その団体が主催するセミナーに絞りました。その団体は横浜市経済局の委託を受けて起業支援する㈱イータウンというところです。港南台にあるコミュニティカフェの草分け的な存在です。ここに関わる方のお一人に米田佐知子さんという方がいます。米田さんは「子どもの未来サポートオフィス」の代表で、コミュニティ作りの達人です。行政などの各種委員を多数務め、自身の子育て経験を基に活動の場を広げ、各所に多彩な人脈があります。私もさまざまな分野の方の紹介と、セミナー情報やコミュニティに関するアドバイス、私の事業を拡げていくための考え方の整理やコミュニティ作りの手法のアドバイスをいただいています。「ソーシャルポートヨコハマ」というソーシャルビジネス情報発信サイトでインタビュー記事を掲載していただきました。

■「やりたいこと」を口に出す

セミナーに参加すると、自分のやろうとしていることを発言するよう促されることがあります。最初は羞恥心があり辞退していたのですが、ある時思い切って話してみたら有益なアドバイスがもらえました。その後もプレゼンテーションの機会をいただきましたが、気後れせず受けることが大事だと思いました。

気づき

思っていることを口に出さないと、人はわからない。

起点は和田町コミュニティカフェ

そんな中、起業支援団体イータウンの主催するコミュニティカフェ現地視察会という企画に参加しました。そのカフェは相鉄線「和田町駅」徒歩一分の場所にある「わっか」というお店です。地元出身の集客コンサルタントである山田浩和さんが、地元の建設会社とタイアップして開店した、曜日ごとに店主が替わる「ワンデイ・カフェ」です。いずれ店舗を持ちたい人が、お試しで営業して店舗オペレーションを学ぶのが目的です。カフェ運営責任者の山崎雅子さんは、イベントの企画運

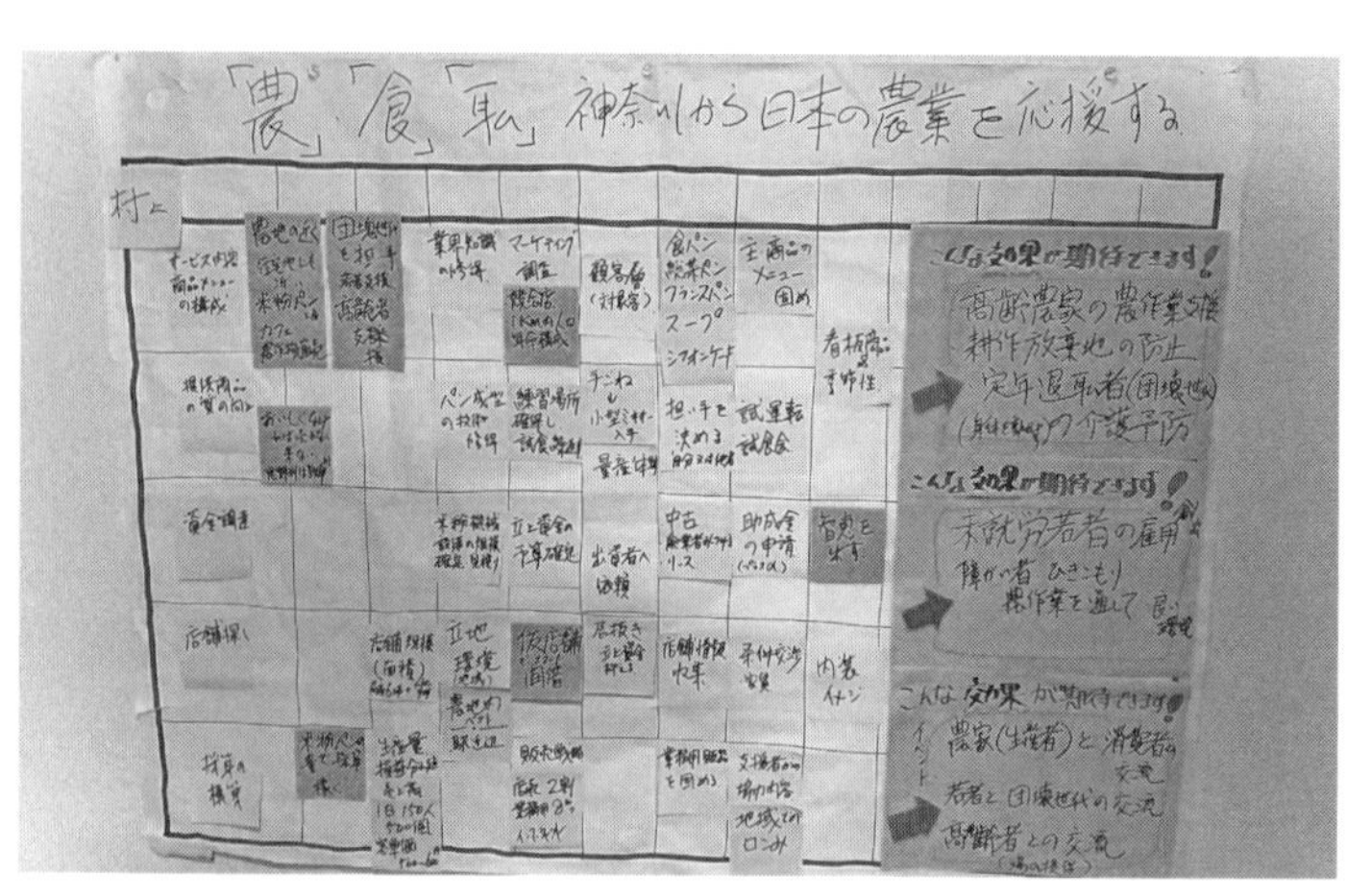

当時発表した私の事業計画

営やコミュニティ作りが得意。この山崎さんから現場の運営状況を聞き、その後のプログラムで、参加者各々が描いている事業計画を、米田さんのアドバイスに従ってワークショップ形式で模造紙に書き込み、発表します。この時一緒に参加していた方の一人が理路整然と、しかも熱く語っておられたのが印象的でした。その方は戸塚で子育て支援のコミュニティカフェを私とほぼ同時期に起業して大活躍されています。

ワンデイ・カフェ「わっか」は二年後閉店することになりますが、ここで出会った方たちとは、五年以上経った今も交流が続いています。前述の集客コンサルタントでカフェを立ち上げた山田浩和さん、私の開店の相棒の紹介やマルシェに誘ってくださる山崎雅子さん、のちのカフェ開店と同時に運営を共にする「みっちゃん」、共同事業をしようと思った「みぃさん」、幅広いソーシャル活動で友人を紹介くださる米田佐知子さんなど、多くの方が大事な局面で支援してくださいました。

気づき

後から振り返ってみると、ここでの事業構想発表がすべての「起点」だった。

この現地視察会がご縁となって、ここのカフェにパンとシフォンを置いていただき、売れた分だけ売上代金を受け取るという委託販売をさせていただくことになりました。「ふわふわしっとり」の食感が小麦シフォンと違うこともあり、試食したお客さんが我先に手に取る状況でした。ただ、三回目くらいから売れ行きが減り始め、机に並べても見向きもされなくなりました。

ここからつながる人脈連鎖

このカフェには打ち合わせに来るお客さんもいて、お店の人や山田さんが私に引き合わせてくれます。ある時、山田さんの知り合いの方が打ち合わせに来ていて「自分の開発した売り上げアップの方法をセミナーで講義するから来ないか」とのお誘いを受けました。後日、セミナーに参加した時、講義が終わる間際に指名され、自分がやろうとしていることを話すと、中小企業家同友会会員で、食器の販売をしているヨーコさんという方が、「それなら○○さんがいいと思うので紹介する」と言ってくださり、後日その方とお会いしました。中小企業経営者の勉強会組織の広報を担当されている方で、いろいろな経営者を紹介してくださいました。

その後、その人のすすめで中小企業家同友会に加盟してプレゼンする機会をいただいたり、例会などでシフォンを試食していただき、多くの方と知り合いました。いろいろ参考になりましたが、お店を持ってからは活動する時間が取れず、退会しました。

ヨーコさんは東神奈川に食器販売の店舗があり、その一室でさまざまな講師を招いて、セミナーを共催しています。電子書籍の出版というセミナーで、参加者の一人に薬剤師の村田明美さん（現在は独立され、つむぎ漢方薬局を経営）が来ていました。自己紹介で発酵講座をしていると話されていたので、お話を伺い、村田さんの講座に参加しました。「発酵に関心があるなら、知り合いの糀屋さんを紹介する」と動いてくださったり、開店の際は「ＰＯＰ広告の専門家が役立つと思うから紹介する」と手配してくれました。その後も大事な友人を紹介してくれます。

気づき
思っていることを口に出すことは、紹介を受ける機会となる。

■「めびうす」、本物の起業家たち

講座運営団体の情報が縁で知り合った無肥料・無農薬農業の女性起業家から、「大学の先輩で、シニア起業家のインタビュー記事を書いている松延さんという人がいるので会ってみませんか」と声を掛けられました。それが、女性起業家とシニア起業家支援団体「めびうすのWA」を主宰されている松延健児さんです。松延さんと会い、インタビューを受け、記事にしてもらいました。

その後、「めびうすのWA」の仲間に入れてもらい、毎月開催されるセミナー兼懇親会に参加しました。参加者はシニア起業家と女性起業家で、毎回一人の起業家が三〇分プレゼンを行います。その後の懇親会で名刺交換をして懇談するのですが、松延さんの計らいでシフォンを参加者の方々に試食してもらう機会をいただきました。試食して感想を述べてくださるので、会話のきっかけが得られました。
次は、自分を知ってもらい、応援してもらえた方々との会話パターンです。

起業家「どんなお仕事ですか？」
私「横浜で米粉のパン屋をやっています。元銀行員です」
起業家「どうして銀行員からパン屋さんに？」
私「定年退職して職業訓練で介護・農業・米粉パンの講座を受けました。講座運営団体が『食』と『農』に進出するために、講座受講生に起業を持ちかけ、それに応じた形で始めました」
起業家「どこでパン作りを習われたのですか」
私「講座の実習で一〇日間くらいです」
起業家「それでできるのですか？」
私「シフォンケーキ食べたことがなかったのですが、何とかなりました」
起業家「シフォンいただきましたが、ふわっふわですね。優しい味がします」

私　「米粉だからですね。添加物もなしです」

といった感じで話が進んでいきます。どこでも、初対面の場合はこんなパターンになります。「米粉」「銀行員」「シフォン」というキーワードで女性との共通の話題ができ、食べていただくことで覚えていただけます。

この頃から「銀行員からパン屋へ」というフレーズは意外性が相手に響くということを知り、意識して口にするようになりました。

「めびうすのＷＡ」では、音楽、食、農、健康、研修講師などなど、さまざまな分野で独自の磨き抜いた手法で、理念を持って活動している素晴らしい方々と交流することができました。各起業家の経歴や起業の過程などは、松延さんがインタビュー記事にしていて見ることができます。どの方も、現在のレベルに達するまでにさまざまなドラマがあり、大いなる刺激を受けました。「この分野で人のために全力を尽くす」という強い思いが伝わってくる素敵な方々です。

気づき

出会いは刺激。出掛ける。行動することが大切。

「めびうすのＷＡ」で紹介されている起業家のサイト
https://www.exa2011.net/mebiusu-murakami/

■長岡市の農家との出会い

二〇一三年、知り合いの「姉さん」から、「長岡で米粉を作っている石橋さんという農家がいるので会ってみないか」と声が掛かり、三人で話をしました。彼女は、なぜか周りから「姉さん」と呼ばれていて、重要人物をつなげたり、斬新なアイディアを提供する長岡在住のアーティスト（ボーカリスト）です。この時引き合わせてもらった人が、品種改良する前の原種に近いコシヒカリを栽培していて、農協を通さずに自力で販路開拓しているという石橋雅史さんです。

どうやっているのか尋ねたら、東京や横浜の個人宅でピンポンセールスをしていると言います。「そんなことをしても玄関払いどころか、出てこないでしょう」と言うと、承知しているがほかの方法を思いつかないとのこと。農家のイメージは保守的との固定観念がありましたが、この人の根性に感心して、お付き合いを始めることになりました。

その後、石橋さんのお米を米粉にしてもらい、プレーンパンを作ることになり、主力商品の一つになりました。村田さんから紹介してもらった糀店を石橋さんに紹介したところ、その糀店に気に入られ、ここから石橋さんの横浜での販路が一気に拡大することになります。石橋さんは四年後、奥さんと共に長岡で「カフェらいさー」の暖簾(のれん)分け一号店をオープンすることになります。

気づき

人脈紹介の連鎖は起業人生を変える。

マルシェの出会い

各種イベントやマルシェ出店の目的は、
・商品を知ってもらう。
・お客さんのニーズを知る。
・商品に対する反応を見る。
・他出店者の手法を学ぶ。
・主催者の理念や趣旨を知る。
・立地や天候、顧客属性などによる売れ行きを探る。
・主催者や出店者と交流する。

こういったところでしょうか。ここでの結果を次回のマルシェや店舗販売に生かさなければなりません。

和田町カフェ「わっか」の山崎さんは、決断が早く明るいこともあり、幅広い人脈があります。いろいろなマルシェやイベントを仕掛けていて、私に都度声掛けをしてくれました。私が出店できない時は、商品をお店まで取りに来て、販売もしてくれました。商店街での数々の販売会や祭り、コミュニティカフェでの教室や販売会、大きなイベント会場でのフェスタ、神楽坂夏祭りなどなど。場所やイベント目的、顧客層が異なるので、さまざまな場所へ行けて毎回楽しめます。

山崎さんのように同じ人が何回も誘ってくださる場合と違って、「マルシェ連鎖」が起きることがあります。マルシェに出店すると、ほかの出店者と交流します。パンやシフォンを買っていただき、名刺交換。「今度○○でイベントがありますが出ませんか」と声を掛けられ、行った先でまた同じことが起こります。主催者のコンセプトや来店者層もそれぞれ違うので勉強になります。

ヨーコさんが、会社の周年記念販売会を開催するので、パンとシフォンを販売しないかと声を掛けてくださいました。この時は辻堂の農家の野菜も一緒に販売しました。お店の前で商品を並べていると、通りかかった近所の人が寄ってきて、人だかりになりました。歩いている人に声を掛けると、挨拶を返してくれます。「出かけるところだから帰りに寄ります」と言って、本当に帰りに寄って買ってくれます。人の温かみを感じる町です。

その後ヨーコさんはお店をリニューアルして食器販売のほかに自然食品を本格的に取り扱うようになりますが、この時の野菜販売が縁になって辻堂の農家さんから野菜を取り寄せることになりました。

気づき

初対面でなぜ声を掛けてもらえるのか？ マルシェは、出店者が多いほど人が集まりやすい。食品関係は出店者が少ないが、人気商品なので集客しやすい。特にパンやスイーツは人が集まりやすく、呼び込みに有効。

ほかにも、中小企業家同友会で知り合った方が、横浜の馬車道商店街で宝石店を経営しています。ある時、周年記念をやることになり、「宝石店は敷居が高いので、お店の前でパンとシフォンを販売して、店内を見てもらうきっかけになればいい」と声を掛けられました。有名商店街で販売させてもらえる良い機会なので、二つ返事で出店することにしました。商店街であると同時に官公庁街でもあるので、いろんな職業や属性の人がいます。貴重な昼食タイムなので通り過ぎる人もいますが、立ち寄って話を聞いてくれる人もいます。ここではその後も何回か出店させていただきました。ここでお店の存在を知って、来店される方も少なくありませんでした。

その馬車道マルシェにシフォンを買いに来ていた方が、後日来店されて、「テナント誘致の仕事をしていますが、店舗の空きが出ました。出店しませんか」と声を掛けてくださいました。魅力的な話でしたが、今のお店と距離が離れているので商品の搬入の問題と、販売する人が確保できず実現しませんでした。その後しばらくすると、「会社が休みの時にお店の厨房でボランティアをしたい」と希望されました。いずれ起業を考えていたらしく一年くらい手伝っていただきましたが、勤務の都合で来られなくなってしまいました。

ある日、その方のご主人が勤めている自動車学校からマルシェ出店の打診がありました。交通安全の周知や地域貢献を目的として年一回大きなイベントを開催していて、奥さまから私のことを聞いて声掛けしてくれたようです。

気づき
何がきっかけになって、どんなふうに展開するかわからない。お客さんの状況はさまざま。

また、山崎さんが「商工会議所が、デパートとテナントとのマッチング商談会を企画しているので行ってみたら」と声掛けしてくれました。この頃は商品の手ごたえを感じ始めてマルシェでも完売していたので、気後れしつつも行ってみることにしました。

シフォンの試食を持って、数社と面談しました。どこの担当者も商品の手ごたえはいいのですが、どのくらいの量が出せますかと聞かれます。戸惑っていると、「一日最低二〇万円の売り上げが必要です」と言われます。「催事の場合は最低一〇日間連続で出店することになります」とのこと。個数に換算するとシフォン一五〇ホールを毎日作る必要があります。どんなに頑張ってもその一割しか作れません。デパート側にしてみれば、場所代で商売しているわけですから、売り上げが少なければ利益につながりません。

鎌倉マルシェで出店した有名飲食店の女将さんが「うちは○○デパートに出店しているから紹介してもいいけど、作れないわね」とつぶやいていたことを思い出し、このことだったと、やっとわかりました。

気づき

販売可能性を探る中で、生産能力の重要さとスモールビジネスの壁を知る。

マルシェの総括

梶ヶ谷、大倉山、海老名、川崎、東京などの場所で、子育て世代のママさん対象の大規模マルシェやクリスマスイベント、公園などに出店し、完売状態が続きました。

数をこなすうちに傾向がわかってきて、どの種類を何個持っていけばいいかの予測ができるようになったのです。

「食」のイベントではシフォンの種類も数も多くします。パンやスイーツを買う目的で来場する人たちなので、シフォンの味が五種類あれば一種類ずつ五個というように買っていきます。一方、ママさん向けのイベントでは、親子で楽しむのが目的なので、一人が購入する個数は一個程度となります。食材に関心の高い人が多いとの情報があれば、グルテンフリーパンの個数を増やすようにします。事前にマルシェ主催者から来場者の特徴や来場人数の情報を得たり、出店したことのある人から状況を聞いておくことが大切です。

気づき

場数を踏むと見えてくる。

こうしていろいろな場所へ出店しますが、人出が多くても売れないことが時々あります。「屋台風お祭り」「アルコール」「都心オフィス街」です。お客さんの目的意識がこちらに向いていない時です。アンパンマンミュージアム近くでの販売もその類いでした。子どもさん主役で、遠くから来て長時間待たされ、アンパンマングッズをたくさん買い、疲れている状況で自分のために買い物をする余裕はないのでしょう。

気づき
お客さんの意識がどこに向いているかを知ることが、完売するか否かの鍵。

ある日、友人を通じて菊芋粉末を使った米粉パンの試作に協力できないかとの打診がありました。何回かの打ち合わせと試作を重ね、お客さんの反応を探ることになりました。企画を持ち込んだ方が、パン好きが多く集まるイベントに申し込んで、そこで試そうということになりました。

そのイベントは海沿いにある大きな公園にパン、スイーツ店が多数出店します。出店するのは、有名店、パン工場を持つ大規模店、小規模店などさまざまです。湘南地区のパン屋のことを知ってもらう趣旨で地元のパン屋さんが企画し、今回が二回目とのことでした。前回は二万人を超える人出で、「どのお店も長蛇の列ができてお客さんの苦情が出たので、手際よく捌けるように受け渡しを考えてください」「最後尾の表示やメニュー表の用意」「出せば何でも売れる」「少しの出品だとお客さんから苦情が来る」との触れ込みでした。張り切って大量に作って行ったのですが、結果は六割ほど売れ残ってしまいました。原因は、実力不相応の生産数、知名度不足、売り方の工夫不足、寒さなどなどでした。

これまでのマルシェでも売れ残りはありましたが、数は多くなかったので主催者や出店者に差し上げていました。今回は同業者ばかりでそれもままならず、マルシェに協力しているボランティアの方が大勢いるとわかったので差し上げて、持ち帰らずに済みました。

惨敗でしたが得ることも多々ありました。長年の懸案事項の「生産能力のアップ」

でしたが、作ることを半ば強要された形で実現しました。一つは作り置きのノウハウです。冷凍ストッカーの購入と真空パックの利用。もう一つは人手を結集しての流れ作業です。

寒さでお客さんが帰る頃になると、半額に値引きするお店が出てきます。私は「値引きはしない」と決めていますが、ほかの出店者の対応を知りたくて見てまわりました。値引きする店としない店はほぼ半々でした。いい悪いではなく、お店の考え方だと思います。

イベント、マルシェを数多く経験してきましたが、この時ほどの売れ残りは初めてです。複数のチャンネルから「売れる」という情報が入ってきて、数が少ないと迷惑がかかるという消極的な心理と、数をこなすいい機会だという空気が充満して、冷静さを見失ったのでした。

気づき
あらかじめ決め事をしておくと、都度迷わずに済むので心残りがない。

出会う事象には意味がある。

■語り継がれるシフォンレシピ

何のセミナーか忘れましたが、自主上映会の案内をいただき、行ってみました。大倉山で開催された自主上映会で、映画を見た感想を話し合った後、食事に誘われ、カフェに行きました。一人の方がシフォンを気に入ってくださったらしく、しばらく経ったある日、シフォン教室の提案をしてくれました。参加者も集めていただき、すべてを仕切っていただきました。こういう方がいるととても助かります。始めるにはいろいろな壁がありますが、この時はスムーズに完了しました。

その後、シフォン教室を月二回程度、定期的に開催していた時期がありました。ニーズが一段落したため今はやっていません。初めて開催する時、実技に専念してもらいたかったので、後から見ても再現できるように詳細なレシピを作りました。A4用紙四枚です。工程ごとに写真を挿入し、特にメレンゲの立て方や小麦粉との相違を詳しく説明しました。一般的なレシピは材料と手順が簡単に書かれているものが多いようですが、素人が書くとこうなってしまうのですね。でも、何人かの方から「こんなに詳しいレシピは初めて」「娘に引き継いでいます」「我が家の宝です」といった連絡をいただきました。米粉の良さを知って広げていただくという目的を忘れないことが大切だと、改めて思います。

気づき
目的意識を持ち、セオリーに頼らず、まずは自分の考えでやってみる。

店名の由来

店名やロゴは理念や事業内容を表す大事なもので情報発信に影響します。カタカナや長いものは覚えにくいという印象を持っていたのでなかなか決まらず、頭を悩ませていました。みぃさんが「お米を扱うのだからそれに関連した名前にしたら」と言ってくれたのがヒントになり、お米〈ライス〉を提供する人、生活〈ライフ〉を支援する人という二つの意味を込めて「カフェらいさー」と命名しました。カフェと付けたのは将来「コミュニティ機能」を持たせたいという想いからです。

ロゴも店名と同様、理念や想いを表現し、さまざまな伝達手段で使います。私の場合は店名と同じです。

帰省中に犬山のリトルワールド内をブラブラしていたら、木やコンクリートに文字を書いている方の文字に惹きつけられました。その場では時間がなく、後日別の常設展示場を案内していただき、説明を聞きました。岐阜に帰省する時に立ち寄り、何回かお会いしてロゴを書いていただきました。

広告塔と分身術

ホームページは、間借り起業する時に立ち上げました。きっかけは、石巻復興交流の状況を発信するためのホームページ作成でした。銀行勤務時代や部品会社でパソコン作業をする機会が多かったため、自然と身に付いたスキルがここで役立ちました。

載せている内容は、

・米粉パンなどの販売商品の紹介
・事業構想などの起業に関すること
・メディアの紹介記事
・起業志望者とボランティアの募集
・シフォン教室の案内
・営業日や交通アクセス

http://www12.plala.or.jp/raiser/

最近はアレルギー（小麦、卵など）の方がネットで調べて来られることが多いので、詳細な食材を公開しています。ビーガン（完全菜食主義者）の外国の方がネットで調べて来られたことがありますが、お聞きすると、専用のサイトにカフェらいさーが登録されているとのことでした。

ホームページがあることにより、メディアの取材打診は主にここから来ます。「シニア起業」「米粉パン」などの検索でヒットするのでしょう。

ＳＮＳも知人から勧められて何となく始めましたが、今振り返ると役に立つツールだったと思います。セミナーなどで名刺交換した後は特別用事がない限り疎遠になることが多いのですが、フェイスブックで友達になると、それぞれが投稿した内容を知ることになり、頻繁に会っているのと近い状況になります。名刺交換だけではわからなかったその人の関心事がわかり、関係する情報や役立ちそうな友人を紹介すると喜ばれます。自分の理念や行動をアップすることにより、私が「やっていること」「できること」「目指していること」を知ってもらえ、友達が何らかの用件ができた時に声を掛けてもらえます。

友達の友達にも、私が行っている事業が伝わることもあります。米粉パンやシフォンを食べた感想を友達がアップし、それを見た友達が興味を持ってくれて来店するということが多くあります。ＳＮＳ版クチコミです。ブログなどでさりげなく紹介してくれます。

人はしばらく会わないと忘れます。SNSで時々見ていると忘れなくなります。交流のあった人でも、その人の投稿が途絶えると記憶から消えていきます。まして名刺交換して自己紹介したくらいではなおさら忘れてしまいます。

私は長い間、名刺管理に悩んでいました。SNSの広告だったと思いますが、「スマホで写真撮るだけで名刺管理」というようなキャッチコピーを見て飛びつきました。「無料で手入力」というのも何だか気に入りました。会社名や氏名などの一部で検索すると候補が出てきますので、うろ覚えでも大丈夫です。さらに名刺に書いたメモも画像で見ることができるので、その人のプロフィールが再現できます。電子媒体ならではの便利さです。

気づき

SNSをうまく使えば、会わなくても交流を深められる。

取材秘話

東日本大震災からほぼ一年が経つ頃、講座運営団体の事務所に、朝日新聞記者が震災に関する取材に来ていました。炊き出しで石巻に行ったことのある私が状況を話すことになりました。その際にどんな動機で炊き出しに参加しているのかと聞かれたので、講座を受講し始めてからの経緯と事業を検討していることを話しました。そのことを記者は覚えていて、「銀の卵」という団塊世代の生き方を伝えるシリーズの企画で取り上げてくれたのです。

二〇一三年十二月頃、開店して最初の取材を受けました。この雑誌は、編集長の植松氏が「シニア世代にエールを送る」という想いで創刊したものです。定年後のさまざまな働き方特集の中で、私の事業構想を紹介していただきました。

この特集の冒頭に作家の堺屋太一氏が監修した『団塊世代「次」の仕事』を紹介しながら、「定年後の仕事は選択肢が豊富」「収入だけが目的ではなく、生きがいプラスアルファ」という考え方を紹介していて、とても興味深いものがあります。

二〇一五年九月の中日新聞の記事掲載を機に、マスメディアの取材はその後の一年間でテレビ・ラジオ三回、新聞三回、雑誌など五回になりました。どんな経緯で取材先を探すのかを聞きましたが、言葉を濁されます。推測するに、メディアは読者の関心の高い話題を常に探していて、同業者の記事も知っているに違いありません。取材ネタは主に「銀行員から米粉パン屋へ」「米粉で社会貢献」「定年後も働く」という内容で、ほぼ同じです。一つの記事が出ると、自社用にアレンジして記事にするのかなと思いました。多くのメディアに記事にしてもらいましたが、コミュニティ関係や起業家などの属性、地域も横浜近辺、出身地近辺、全国など、読者層は不思議と重ならず、多くの方に理念を知っていただけて感謝しています。

気づき

何がきっかけで声が掛かるかはわからない。思っていることを口に出すことは実現への第一歩。

取材に来た各種メディアは、インターネット検索を活用して自分に辿り着くことが多いようだ。

第二の人生は社会貢献

わたしの転機

銀行マンから
米粉パン店主

もうけより、社会貢献につながる活動がしたい―。横浜市中区の村上孝博さん(65)は2年前、米粉パンの専門店を市内に開いた。がむしゃらに働いた40年の銀行員生活と全く相違いの道を歩んだのは、還暦の年に母が急死したのがきっかけだった。「生きがいを持って第二の人生を歩みたい」と、たどり着いたのが米粉パンだった。

平成27年9月26日　中日新聞朝刊
本記事は、中日新聞社の許諾を得て転載しています

■再会のきっかけは中日新聞

その中で、中日新聞は私と昔の友人をつなげてくれました。私は高校卒業までは岐阜県に住んでいました。銀行在職中も中部地区の同僚が多いのですが、中日新聞は同地区のシェアが圧倒的に高いので多くの友人・知人が読んでくれました。四五年前に同じ職場だった名古屋在住の人が、記事を見てお店まで訪ねてきてくれたのです。昔話に花が咲き、とても楽しいひとときを過ごすこ

とができました。また、名古屋在住の入行同期生が記事を読んで話題にしてくれました。久しぶりに会った時に「もし名古屋で事業展開することがあったら俺たちに任せてくれ。人脈はたくさんある」と言ってくれました。頼もしく思いながらそうなった状況を思い浮かべて胸が熱くなりました。

高校卒業以来一度も会っていなかった級友も記事を読んで連絡をくれ、「行方不明卒業生」になっていた私を同窓会に誘い、名簿登録をすることができました。初めて参加した同窓会にシフォンを持ち込み、大いに盛り上がりました。四八年ぶりに懐かしい同級生と再会を果たすことができたのです。

■マスメディアから広がるつながり

読売新聞では全国版で大きく取り上げていただき、その後英語版も出ました。まず、山形県高畠町在住の農家さんが関心を示し、最初にお嬢さんが挨拶に来られ、ご本人はシフォン教室に参加されました。私も高畠町を何回か訪れ、五周年感謝会にも来てくださいました。今もお付き合いをさせていただいています。

そのご縁で高畠町の知り合いが少しずつ増えています。高畠町は山形県で唯一、「消滅しない町」と言われていて、町が自給自足でき、町内でのコミュニティも独自のしくみを構築しているようです。これからのコミュニティを考える上で、モデルとなる町に巡り合いました。

福岡からも年配の女性が話を聞きに来られました。ほかにも栃木県在住の方からここで働きたいとのお手紙をいただいたり、市内の個人の方から取材を受けたりと反響は大きかったです。英語版を偶然見たと連絡をくれた銀行時代の同僚も二人いました。

気づき
全国紙は顧客増加の効果は見込めないが、出会いの機会を作ってくれる。

BSテレビでは、「働く」をテーマにした三〇分番組で、単独で取り上げていただきました。お店での取材とスタジオでの収録でした。前回、別の局のテレビ取材の経験があったのでお店での要領はわかっていましたが、スタジオでは始まる前まで緊張しました。始まると意外に落ち着いて思っていたことを伝えることができました。収録の少し前に台本を渡されて、話す内容を考えましたが、いざ本番になったらすっかり忘れていました。それでも伝えたいことを話せたのは、出演された皆さんのリードのおかげです。真面目な番組で「やらせ」的なことはいっさいなく、自然体でとても好感の持てるスタンスでした。

取材を受けて掲載してもらったことは前述の通りですが、長岡のシンクタンクが出す冊子に寄稿もしました。寄稿という形で自分が文を作成するのは初めてでした。しかもシンクタンクの発行するレポート誌なので読者層を思うと迷いましたが、お引き受けすることにしました。書き始めるとすらすら文面が浮かび、短期間で完成し、思っていたことを落とし込めたと思います。

気づき

取材のように聞かれたことを受け身で話すのに比べ、自分の考えを発信するのは難しい。訓練が必要。

第四章　〈六三歳〉やってみないとわからない

怒濤の開店準備

いよいよ運営団体から離れ、独立して店を持つことになりました。間借り厨房は使えなくなるので、一刻も早く物件を見つけて開店する必要がありました。長引けば販売活動が止まります。自宅から近い場所で、家賃負担の少ない物件を探しました。知人からの情報も入らないので、不動産会社をまわりました。

立川市の方に厨房でパンを作り、小窓で販売するお店が好評だと聞いたことがあります。がっぽり稼ぐことが目的ではないので、とりあえず厨房だけの店舗はないかと探しましたが見つかりません。考えてみれば、そんな物件は借り手のニーズが極端に少なく、家主にすれば割に合わないのでしょう。

二〇一三年七月下旬に不動産業者から、手頃な空き店舗があると連絡がありました。お店のオーナーが日本そば屋を三〇年営業していたのが、健康上の理由で三年前から閉めていたとのことです。自宅から徒歩一〇分、広さは八・五坪、飲食店の跡で、駅にも近く、近隣はマンション群です。手頃な物件だと思い、契約することにしました。

賃借契約に際し、保証会社の保証とは別に、保証人が一人必要と言われ、頼めるような人がいないし、家族もいないので何とかしてほしいとお願いしましたが、仲介する不動産会社同士でなかなか埒が開きません。元銀行員でこういう事業を目指していて怪しい人間ではない、ということを大家さんに伝えてくれと頼みました。大家さんも納得してくれたようで、保証人なしで契約することができました。

店の内装でもスムーズにいかないことがありました。内装は相見積もりをするのが普通ですが、朝日新聞で私のことが紹介された記事を読んだ内装会社の方が、間借り起業の開所時に挨拶に来られて親しくなっていたので、その方に決めました。元銀行員という職歴は、保証人うんぬんなどの時は信用してもらいやすいのが利点ですが、一方で給与水準が高いと一般的に思われていて、貯蓄もかなり余裕があると思われるようです。初期投資は最小限で済ますつもりでいたのですが、一級建築士の方と設計の打ち合わせで、あまりに立派な提案をしてくださったので、ご迷惑をおかけしてはいけないと思い「とてもそんなお金は用意できません」と本当のことを申し上げました。先方も私も、バツの悪い思いをしました。

建築士のすすめで、外観のドアだけは見た目が大事とのアドバイスに納得し、立派なものにしました。最低限の内装工事にしたので、水道・ガスと電気工事業者は入らず、電気配線や棚の作り付けなどはみっちゃんのご主人の日曜大工にすがりました。

開店までの順序は「内装工事完了」「設備機器の搬入」「保健所の立会検査」となりますが、機器を購入しても工事が終わるまで置き場所がなく、工事が終わってからでは立会検査が遅れ、家賃負担が大きくなるというジレンマで、やきもきしました。

開店の一週間前になって、ようやく商品のメニューと値段を決めることになりました。原価計算もせず、感覚で決めました。二年後に部門別採算分析をした結果、ほぼ適正価格だったことがわかりました。

気づき

やるべき手順が頭ではわかっていても、その通りに進むとは限らない。

「カフェらいさー」オープン

二〇一三年十月十二日工事完了。十三日から十七日までプレオープンで友人を招待しました。

そして十月十九日、「カフェらいさー」が開店しました。怒濤の準備でしたが、終わってみれば大したことではありませんでした。銀行で何度も危機に立たされ、修羅場をくぐり抜けてきたことでストレス耐性ができていたのだと思います。

開店初日は近くの会社員が大勢で来店し、開店と同時に売り切れて販売するものがなくなってしまい、翌日からどうしようと悩みました。物珍しさで人は来ると実感しました。その後も安定した売り上げでしたが、半年を経過した六月頃から来店客が減り始め、夏場は厳しい状態が続きました。テナント誘致で来店しボランティアをしていただいた方や、業界に詳しい人に聞くと、夏場はどこのお店も売り上げは落ち込み、パンやスイーツは特に厳しいとのことです。そんなこともわからず、不安も多少ありました。

開店当初は年齢的なことも考え、定休日は週二日で日、月とすることにしました。日曜日はマルシェやイベントの開催が多いので休みにしておいた方がいいと思ったのです。開店時間は仕込みの時間から逆算すると一一時になりました。とても朝早く起きることはできないと思ったからです。

二年目の試練

開店二年目に入り、素人パン屋の弱点が出た時期です。また、営業時間が短いことや、初期投資を抑えて看板を作らなかったことも影響があったと思います。体験して初めて、多くのことがわかってきました。

店の隣に人気のラーメン店がありました。ラーメンとパン・スイーツは客層が違うと思っていたのですが、ラーメンを食べた後にうちの店に寄ってくださるお客さんが多いので、ずいぶん助かりました。水曜日の来店が少ないのが不思議でしたが、ここのラーメン店が定休日だったことがわかり、いっそのこと水曜日も定休日にしてしまいました。

■悩みの種は「売れ残り」

開店して最も悩まされたのが売れ残ったパンです。閉店時間近くになると値引きするパン屋さんが多いのは知っていましたが、自分の作ったパンを値引きすることは「パンの値打ち」を下げるような気がしてできません。

売れ残りのパンが必ずできることはパン屋の常識ですが、当時はそんなことも知らず始めました。開店当初は残る日は少なかったのですが、半年過ぎたあたりから、残り始めました。夕方近くになって残りそうになると、レジを済ませた後に一、二個差し上げていました。捨てることは絶対したくないので、閉店後は近所の保育園や知り合いの商店主など、いろんな人に差し上げていました。毎回同じ人に差し上げるのも迷惑だと思い、「無料パン」として来店した人に翌日差し上げることもしました。

夏場が近づくと衛生面で問題があるのでやめて、冷凍保存し、親戚知人に送付しました。フードバンクに提供するということも検討しましたが、それほどの量があるわけでもなく、冷凍しているので温める必要があり、不向きです。

そんなある日、ある方から「食べ物を必要としている人に差し上げたらどうか。紹介します」とアドバイスがありました。「冷凍したパンは解凍して焼かないとおいしくないですが、オーブンのある環境ですか?」とお伝えし、オーブンを準備することで話がまとまりました。「おいしくいただいています」との連絡をいただいて、必要としている人に届けることができて本当に良かったと思います。

気づき

「悩みの種」は、口に出すことで誰かがヒントをくれる。

店では産地から届く新鮮な野菜も売っています。週一回、野菜が宅配便で届きます。新鮮でおいしく安いので、一度味わったお客さんはリピートされます。単価は一束一五〇円で、相場にかかわらず常に一定です。相場が高い時は売れますが、相場が下がると主婦はスーパーなどに流れます。残りそうな時は頃合いを見て、お客さんにサービスで差し上げます。満面の笑みでお礼を言って嬉しそうに帰られます。たった一五〇円のものであんなに喜んでもらえると嬉しくなってしまいます。

気づき

個人店舗であれば、その店ならではの融通の利いた対応ができる。

ほかにも、関連商品を販売することがあります。地方へ出かけた時に見つけた食材もあれば、知人からお客さんの反応を知りたいからと、委託販売の依頼をされることもあります。

今までに、お米、黒ニンニク、ジャム、ジュース、甘麹などを店頭に並べました。最初は珍しさもあって人気なのですが、ひと月もすると売れ行きが落ち、残ることがほとんどでした。

シフォンもそうですが、季節限定の食材を出すと、ほかの種類をやめて限定を買います。多くの企業や商店が季節限定やクリスマスイベントなど、〇〇セールなどを打ち出しているのは顧客心理を計算しているのだとわかります。業界の人でなくても知っている当たり前すぎる常識ですが、私には結果が出るまでわかりませんでした。私は、外食するお店は自分が気に入るとほとんど変えることはありません。しかし、女性は特に新しいものに飛びつく傾向にあるらしいことがわかりました。

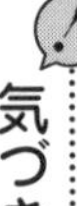

気づき
自分を基準にしていては商売はうまくいかない。

米粉の技

講座で習ったシフォンのレシピは「一晩冷蔵する」でしたが、ある時、冷凍したことを忘れていたのに気づきました。冷凍して一週間経ったものを食べたら、「しっとりふわっふゎ」の食感になっていました。作り置きも可能で、カットする時も切り口が潰れず、個包装も楽です。米粉ならではの冷凍シフォンの完成です。

米粉パンの特徴は冷めると固くなることです。やってみてわかりました。ごはんが冷めるのと同じしくみです。「温めて召し上がってください」と説明するのですが、その一手間が煩わしい方も多いです。説明するのを忘れて苦情を言われ、「おいしい食べ方」を掲示しました。

そんなある日、紹介したい人がいると長岡在住の「姉さん」から連絡があり、長岡へ行きました。紹介してくれたのは、商工会議所元専務理事で幅広い人脈があり、新潟県の文化や産業などの啓蒙活動をされている方です。その方の知り合いがアルファ化米粉を使ったパン屋をやっているので行ってみることになりました。その足でアルファ化米粉の製造機械を作っている会社に行って、お話を聞く機会をいただきました。特殊な製法技術で粉にしたアルファ化米粉を混ぜたパンは、冷めても固くならないのです。さっそく地元でコシヒカリを栽培している石橋さんのお米を持ち込み、アルファ化米粉にしてもらいました。冷めても固くならないパンの誕生です。

こつの科学

開店後の運営が落ち着いた頃、ふと思いました。「日によってパンの出来が違うのはなぜだろう」と。『パン「こつ」の科学』という本に出会い、読んでみると驚きました。パンが膨らむしくみとは、イースト菌が砂糖を食べて二酸化酸素を吐き出し、パン生地の中で温度の上昇と共に気泡が膨らむ。気泡が生地から抜け出ないようにグルテンの膜で覆うのだと。

イースト菌は五℃～五五℃の温度帯で活動し、五五℃近くが活動のピークになるそうです。イースト菌と砂糖の量はそれぞれ一定の割合で固定しているので、温度の状態で膨らみ具合が変わってきます。温度の変化する要因は主に四つです。材料と水の温度、捏ねる時の摩擦熱、寝かす際の室温、発酵器内の温度です。ほかにも成形する時の手の体温も影響します。捏ね上がった時、二六℃がベストと言われ、これを維持するための計算式も理論上ありますが、とても管理できません。これだけの変動要素があるわけですから日々出来上がり状態が違うわけです。最初からわかっていたらパン屋をやらなかったでしょうか。パン実習講師の方もあえて伝えなかったのでしょうか。現在、米粉は二種類使っています。粒子の細かいコシヒカリと、電動石臼で粉にした原種に近い品種のコシヒカリです。しばらくの間、お米の品種による「粉の食感の差」はないと勝手に思い込んでいたのですが、製粉方法や粒子の大きさ、品種によって吸水率や成形状況、食感・味覚にかなりの差が出ます。

無肥料無農薬のお米をパンにできないかとの相談を何回か受けたことがあります。やってみましたが、比較的さっぱりした味覚だったような気がします。製粉方法や粒子の大きさによっても変わってきますので、難しい面があります。

イースト菌のような微生物が、食品を分解して別の物質に変化することを発酵と言います。イースト菌のほかに、お店で使うものには塩麹をパンに少量混ぜていますが、味覚が微妙に変わってきます。微生物の量とエサとなる糖質の量と温度によって、発酵状態が変わります。微生物の種類によって最適温度帯が違いますが、発酵の世界は奥深いようです。

『パン「こつ」の科学』に触発されて、「こつ」シリーズの「お菓子」「栄養」と読み進むうちに、関連本として『おいしさをつくる「熱」の科学』に出会いました。調理器具はガスオーブンのほかに、電気オーブンが二台あります。庫内の天板が一つのものと二つのものです。どのオーブンでも火力の違いだけで大した差はないと思っていたのですが、シフォンを焼くと明らかに仕上がりの差が出ます。不思議に思っていたのですが、熱の伝わり方には三通りあり、天板が一枚のオーブンは放射式で、ほかは対流式だったのです。

気づき

知らなかったから踏み出せたこともある。体験してから理屈を知ると、知識が身に付く。

毎日の作業の中に疑問点を見出し、解明するのは楽しく刺激をもらえる。しくみを知ると応用が利くようになる。

お客さまの質問ベスト3

開店から三年経っても、来店客から「最近できたの?」と聞かれます。最も多い質問です。それだけ目立たないということです。初期投資を節約したためにパン屋であることを示す看板がないのと、道路から奥まっていること、ダサくしたくない理由で店ののぼりをやめたことが原因です。

次に多く言われたのが「食パンはないの?」です。おいしいと評判の食パンが完成して販売していたのですが、理由があってやめました。一斤売りで高すぎて売れ残ることがあり、原価率も高いのです。焼き上がるまでに時間がかかる割に少ない個数しか作れません。スライスして小分けで売ることも考えましたが、「ふぁもちっ感」がなくなってしまうので断念し、受けていた注文もやめました。どこのパン屋でも食パンは置いてあることに、今さらながら気づきました。

「休みはいつですか?」も、よく聞かれます。何気なくおっしゃるのだと思いますが、ドキッとします。「日、月、水、祝日です」と答えます。「まあ、多いわね。(飲食店でそんなに休んで。趣味でやってるの？〈心の声〉」と言われているように思ってしまいます。「覚えられないですよね」と言ってショップカードを渡します。

番外編として、「ふわっふわ！」があります。これは、初めてシフォンを食べた人の発する言葉。ちょっと驚きの表情が出ます。この言葉を聞き、驚きの表情を見るのが、ささやかな楽しみになりました。

不思議なことのオンパレード

シフォンをたくさん買われるお客さまがいます。一週間くらいすると、また同じくらいの個数を買われる。一カ月くらい続いた後、来店が途絶える。一人二人ならそういう人もいて、何かの理由があったのだろうで済みますが、同じようなことが何回も起きるので不思議に思っていました。ある時、一人のお客さまが、「友人からいただいたシフォンがとってもおいしかったので買いに来ました。みんなで、いただくわ」と言われたのです。謎が解けました。友人に配っていたのです。お茶する時にみんなで食べていたのです。友人が一巡すると買う動機がなくなるので来店が途絶えるのだと。

来店が途絶えないケースで同じようなこともあります。一、二カ月ごとに突然「プレーンシフォン○○個ください」と現れる女性が二人いました。一人は決まって黒いスーツ。もう一人は白っぽい服装です。お二人とも素性を聞くのがためらわれる雰囲気があり、あまり会話は成立しません。プレーンしか買わないことや何やら応援してくれているらしいことも共通しています。最近はお見かけしなくなりましたが、謎です。

ほかにも、「プレーンおじさん」と呼んでいる人がいます。米粉パンだけを定期的に電車に乗って買いに来る小麦アレルギーの年配男性のことで、名前がわからないので、みっちゃんとの会話で使うニックネームです。

彼は、いつも夜勤で疲れていて、一人暮らしです。娘さんが二人いて、交替で食事を作って持って来ていたらしいのですが、二年ぐらい経ったら、「お父さん、もう勘弁して。ごめんなさい」と言われて来なくなったとのことでした。来店間隔が開くとみっちゃんに「プレーンおじさん最近来た？」と情報共有していたのですが、ある時から来なくなりました。「どこか近場で体に良い食事が見つかったのならいいね」と話しました。

しばらくしたら二代目プレーンおじさんの登場です。やはり地下鉄で週一くらいで来店されます。小麦アレルギーではないらしいのですが、体の調子が良くないので、このパンにしているとのことです。家庭事情は不明です。

このほかにもプレーンおばさんがいました。一人暮らしで、来店されるとひとしきり世間話をしていかれます。二年ぐらい経ったら来なくなりました。その後どうされているのか気になっていましたが、娘さんがネットで定期的に食品が届く手配をされたようです。

気づき

日頃、話し相手のいない人は、話を聞いてくれそうな人に出会うと、自発的に世間話（プライベートの話も）をしてくるものだと気づく。

　また、お店の外から店内に向かって指をさしたり、ドアの外からコンコンと叩いたりするお子さんが何人もいます。最初はパンを食べたいということかと思いましたが、入ってくる様子もなく、お母さんもそんな気配はありません。ある時、お母さんが教えてくれました。

「この子、アンパンマンに反応するのよね」

　子育て中のママさんたちの、「子連れではお店に入りづらい」という声を受けて、横浜市が「ハマハグ」という制度を作って対応しています。「ハマハグ」認定店はアンパンマンデザインのステッカーを貼るのですが、そのステッカーにお子さんたちは反応していたのです。

　そんなお子さんたちも時の経過と共にずいぶん大きくなります。自分でトングを持って高い棚にあるパンを一生懸命取ろうとする子どもさん。

「今日はどのパンにする?」

「あ、今日はカボチャパンあって良かったね」

と優しく話しかけるママさん。そんな様子が微笑ましく、優しい気持ちになれる楽しいひとときです。

お店では、「パン」「シフォン」「野菜」「焼き菓子その他」と分類しています。パン五割、シフォン三割、その他二割のシェアですが、パンだけ、あるいはシフォンだけという人が八割くらいいて、あれもこれも買う人は少ないことに気づきました。これはどういう心理なのでしょうか。

店内での動きを何気なく見ていると、パンには目もくれずシフォンの棚に向かう人、シフォンなどないかのごとくふるまう人の特徴があります。「今日は○○を買う」と決めて来店するのでしょうか。シフォンの棚が狭いので見つけられずに、「シフォンはどこにありますか？」と聞く人は初来店の人で、誰かから聞いて来店されたのでしょう。食べ物の嗜好は今もよくわかりません。

セミナーやマルシェなどで名刺交換や会話をして、「お店はどこにありますか？今度行きます」とよく言われます。名刺の裏に地図を印刷してあるので説明します。本気で待っているのですが、来られる方は一割くらいです。最初は真に受けていたの

郵便はがき

料金受取人払郵便

新宿局承認

1409

差出有効期間
2021年6月
30日まで
（切手不要）

1 6 0-8 7 9 1

1 4 1

東京都新宿区新宿1－10－1

(株)文芸社

愛読者カード係 行

ふりがな お名前		明治 大正 昭和 平成 年生 歳
ふりがな ご住所	□□□-□□□□	性別 男・女
お電話 番 号	（書籍ご注文の際に必要です）	ご職業	
E-mail		
ご購読雑誌（複数可）		ご購読新聞 新聞

最近読んでおもしろかった本や今後、とりあげてほしいテーマをお教えください。

ご自分の研究成果や経験、お考え等を出版してみたいというお気持ちはありますか。

ある　ない　内容・テーマ（　　　　）

現在完成した作品をお持ちですか。

ある　ない　ジャンル・原稿量（　　　　）

書　名				
お買上 書　店	都道 府県	市区 郡	書店名	書店
			ご購入日	年　月　日

本書をどこでお知りになりましたか?

1.書店店頭　2.知人にすすめられて　3.インターネット(サイト名　　　　)

4.DMハガキ　5.広告、記事を見て(新聞、雑誌名　　　　)

上の質問に関連して、ご購入の決め手となったのは?

1.タイトル　2.著者　3.内容　4.カバーデザイン　5.帯

その他ご自由にお書きください。

(　　　　)

本書についてのご意見、ご感想をお聞かせください。

①内容について

②カバー、タイトル、帯について

弊社Webサイトからもご意見、ご感想をお寄せいただけます。

ご協力ありがとうございました。

※お寄せいただいたご意見、ご感想は新聞広告等で匿名にて使わせていただくことがあります。

※お客様の個人情報は、小社からの連絡のみに使用します。社外に提供することは一切ありません。

ですが、社交辞令だったとずいぶん後になって理解しました。お店でお客さんが帰る時に「また来ます」と言うのと一緒ですね。

第五章　〈六五歳〉起業の手順

やらないと決めていたこと

店舗運営する上で、軸がぶれないようにあらかじめ決め事をしました。これは私が元銀行員だったことや年齢的なことを考えて決めたスタンスです。ただ、がっぽり稼ぐことを目的としていないため、売り上げを意識した一般的に行われている手法は、労力との兼ね合いで避けたということです。このことがよくないとかではありません。メリットもありますし、必要性もあるかと思います。

銀行借り入れ……開店後の三年間は返済原資〈利益〉がないので、返せないことがわかっていました。返済が滞ると銀行に釈明するのに労力と精神的負担をきたし、本業がおろそかになってしまいます。

助成金の利用……使い道が限定されることや、結果の報告に労力がかかります。お金に対して安易な考えになる恐れもありました。

値引き販売とポイント制度の導入……値引きは、売り上げをアップすることだけが目的の手法のようにとらえました。また、一人起業なので労力を避けるため、ポイント制度は導入しないことにしました。来店を促すようでなじめなかったからです。

季節のフェアやセール…値引き販売の変形ととらえ、またその期間中は繁忙となり、体力的に厳しいことがわかっていました。

チラシの配布……効果が期待できない上に、労力がかかります。クチコミで広げることにしました。

食品添加物の使用……提供するパンやシフォンケーキに、食品添加物は使っていません。体に良くないと言われていることは避けることにしました。

やると決めていたこと

事業目的を達成するために、軸がぶれないことを意識しました。

レシピの公開…米粉の良さを知ってもらい、消費を増やすことが事業目的の一つですし、多くの人に活用してもらいたいためです。

起業志望者へのノウハウの無償で伝授…事業構想の中で、モデル事業体を立ち上げて子事業体に暖簾分けすることが目的なので、子事業体の担い手の負担を少なくして育てたいためです。希望される方に厨房の使用も想定しました。

部門別分析

開店から二年が経過し、売上データも丸二年分あるため、商品別月別の分析が可能となりました。前年同月と比較することで売り上げの傾向がつかめます。毎日の来店客数や売上高は多かったり少なかったりなので把握しづらく、また、イベント売り上げ、教室売り上げがあるかないかで変動します。

パン・シフォン・野菜のどれが利益率が高いのかを算出するのに、家賃や給料などの共通費用をどのように部門ごとに配分するのかが難しいのですが、「売上高」「店舗面積」「作業時間」などで按分し、部門別分析を行います。部品会社で原価計算プロジェクトに携わった経験がここで大いに役立ちました。

部門別に集計した結果は、パンは季節により大きく変動し、年度ごとの差は大きいのですが、シフォンは変動が比較的少ないことがわかりました。また、パンよりもシフォンの方が利益率が高いことがわかりました。野菜部門は仕入れ比率が高く、送料負担も大きいので利益はゼロとわかりました。野菜は品揃えの一環と割り切って、残りそうな時はサービスすることにしました。

パンは菓子や総菜、プレーン、フランス、食パン、それぞれ原材料が異なるので製造工程を変える必要がありますが、シフォンはプレーン生地を作ったら最後に紅茶やジャムを加えるだけなので効率よく作れます。シフォンは食材の種類も少なく、原材料比率はパンよりも低いことがわかりました。試食用に持参する場合にも、冷凍したパンは温めないとおいしくないのに対し、シフォンは冷凍してあるのを持っていくうちに自然解凍するので試食には最適です。

起業の手順

飲食店の開業を検討する際に、どんな店舗を選ぶかで悩みます。提供する商品にマッチした顧客を想定して、それに沿った雰囲気の環境や立地を決めると思います。がっちり稼ぐ場合は人通りの多い場所を候補にするでしょう。客席数も影響します。そうすると必要とする店舗面積と家賃の予算との兼ね合いが出てきます。立地が良ければ家賃が高くなる。立地を優先するか、広さを選択するか、家賃の予算を変更するか、堂々巡りでなかなか決まりません。決めたとしても希望通りの物件が見つかるとは限りません。ましてや採算が確保できるかは検証できません。

こんな悩みも含め、すべてを解決する魔法のツールを作りました。これを起業しようとしている人にお伝えすることにしました。

■家賃を決めればすべてが決まる

物件探しの悩みを一気に解決する方法は、家賃を仮に決めればいいのです。「店舗面積」×「坪単価」が月額家賃ですので、面積を決めれば坪単価が決まり、坪単価が決まれば賃料相場に見合った場所・立地が確定します。逆に○○町で開業したいと思えば、その町の賃料相場（坪単価）は決まっているのですから、おのずと面積は確定するのです。

次に採算を検討します。赤字にならないための必要最小限の月売上金額（これを「損益分岐点売上高」と言います）を計算します。営業予定日数で割ると一日当たりの売上金額が出ます。この一日当たり売上金額を達成するために、どの商品をいくらで何個売ればいいかを決めます。これが可能なら赤字にはならないことになります。あとは微調整です。必要な個数が時間内で物理的に提供できるのかを検証し、売れ残り率を食材比率に加えます。文章で記述すると煩雑に見えますが、表にすると瞬時に必要売上金額が算定できます。

一人起業の場合〈損益分岐点売上高の計算例〉

広さ：一〇坪

家賃相場：一・五万円

家賃：一五万円

食材比率：三〇％

損益分岐点売上高：二二万円〈一五万円÷七〇％〉

例として、右記条件で手元に月一〇万円を残そうと思えば、次のような計算になります。

家賃一五万円＋利益一〇万円＝二五万円

月売上高三六万円〈二五万円÷七〇％〉

（注）家賃のほかに水道光熱費、各種消耗品、売れ残り食材比率などを加味して、最終的な損益分岐点売上高を調整します。パートを雇う場合は家賃に加算して計算します。

■初期投資額の算出も簡単に

初期投資金額も、家賃が決まればおのずと決まります。敷金や保証金は場所によって家賃の〇カ月と相場がありますので、単純掛け算です。内装費も坪単価で見積もりますので、広さを掛けると自動的に決まります。基本となる数字が出揃いますので、「事業計画」「収支計画」「資金計画」も簡単に作成できます。私はこれを「魔法の表」と命名しました。起業を目指している人に、手順よくリスクを少なくできるツールとして差し上げることにしています。

〈初期投資額の計算例〉
敷金：二カ月
保証金：六カ月
保証料：一カ月
不動産仲介手数料：一カ月
〈小計〉家賃一五万円×一〇カ月＝一五〇万円
内装工事費：一〇坪×三〇万円＝三〇〇万円
調理器具類：一〇〇万円
〈小計〉：四〇〇万円

〈合計〉五五〇万円

（注）内装工事費は坪当たり単価三〇万円～と言われていますが、自分でやれば抑えることができます。調理器具は小型のものを用意し、徐々に増やす方法もあります。

私の起業の手順は今思うと間違いだらけでした。最初に物件探しをしたり、開店直前にメニューを作ったりでしたが、本来は「家賃」「営業品目」「営業日数」「一日の売上高」「生産個数」「設備器具」の順に決めるのが正しい手順でしょう。このツールは、これから起業を目指す人にとって「転ばぬ先の杖」になるでしょう。

気づき

以前の職場で身につけた知識や経験が後々役に立つ。知識は体験によって強固になる。

現場から得たノウハウは実利性が高い。

「三つの壁」と「三人の人格」

書店で『はじめの一歩を踏み出そう』〈コミック版〉という本に出会いました。あらすじは、ピザ作りが好きな女性が悩みながらも友人コンサルタントのアドバイスを得て、成長しながら事業を成功に導くという物語で、全米で五〇〇万部売れたベストセラーです。

さまざまな角度から知見が得られますが、私が気に入った個所は「三つの壁」と「三人の人格」です。簡単に言うと、どんなにおいしいピザでも知ってもらうまでが大変で、これが第一の壁、人気が出て注文が殺到すると生産が追い付かず疲弊してしまうという第二の壁、これを乗り越えて事業拡大していくと経営能力という第三の壁にぶつかる。大抵は第二の壁で廃業するか規模縮小するかになるというもの。

もう一つは起業者には三種類の性格があって、夢を追いかける事業家気質、実務が得意な管理者気質、良いものを作りたい職人気質。三つの気質をうまくコントロールしないとやがて行きづまるという法則。業務量が増えて、この三つを別々の人が担う場合は、それぞれが自己主張し足を引っ張る。私はこの内容に妙に納得して、後述する起業モニターで披露したことがあります。

気づき

生産能力に悩んでいた時期でもあったので、体験したことは本を読んだ時に実感できる。

実際の店舗運営で発生した悩みが、スモールビジネスの「普遍的な悩み」として、本で紹介されていた。実際に体験することで、本に書いてあることを本当に納得できた。

第六章　〈六五歳〉新たな挑戦

新商品開発

大岡川沿いに桜並木があり、時期になると花見の人が絶えません。道路沿いにある公共施設内のカフェも来客が増えるので、担当の方から「季節限定で桜にちなんだシフォンができないか」と相談がありました。材料の品揃えが豊富な富澤商店で食材を物色して、みっちゃんと検討しました。桜葉の塩漬けの香りと味覚が絶妙でした。ただ、桜色が出ず、着色料は使わないと決めていたので悩みました。無添加の苺パウダーを見つけて事なきを得て販売したところ、大人気となりました。このほかにも、声を掛けられて作った商品で良いものに仕上がった例は多くあります。

八王子の美術館内レストランが企画した「炭を使ったスイーツ」のオファーが友人を通じて私に来ました。炭を微細粉末にしたものをシフォンに混ぜるだけなので技術的には簡単ですが、高価なのでお店での商品には向きません。そのレストランでは大量に売れるという予想でしたので生産体制を組んで身構えましたが、予想に反して売れなかったようです。全量買い取りでしたが、炭パウダーは無償提供でしたので実損はありません。いろんなアイディアが持ち込まれ、大いに勉強になります。

気づき

声を掛けられたらとりあえず受ける。アイディアはお客さまが教えてくれる。どこにリスクがあるかを判断し、大きな損が出ないなら受けてみる。利益がなくてもアイディアは得られる。ビジネス現場の経験が活きた事例。

■グルテンフリーパンの完成秘話

米粉パンを看板にしていると、小麦アレルギーの人が米粉一〇〇%のパンだと思い、来店されます。一八%小麦グルテンが入っていることを説明すると、残念そうな表情で帰って行かれます。たびたびそういうことがあり、中には「子どもが小麦アレルギーで、ほかの子どもたちと同じ食事ができなくて寂しい思いをしているので、米粉一〇〇%のパンを探して来てみた」と。

これは見て見ぬふりはできない。何とかしようと決め、見本市やセミナーなどの展示会場で質問しました。概略は教えてもらえますが、具体的な方法は企業秘密なので言いませんし、食材そのものを高価格で仕入れる方法や、高額な器具を買わないとできなかったり、指導料と称してロイヤリティが発生するため、実現できません。

ある時、知人が「片栗粉を入れて蒸すとできる」という情報をくれました。さっそく試作しましたが、ねっとりした餅のようになってしまい、パンとはいえません。みっちゃんがネットで調べてそれなりのものができ、お客さんに試食してもらいましたが、この程度なら自宅で作っていると言われてしまいました。

そういえば渋谷にある「米粉ハウス」という教室にみぃさんと一緒に行き、実習を受けたことを思い出し、蒸すのではなく焼いたらどうかと試しました。出来栄えはパンらしくなり、その後微調整を続けて、もちっとしたグルテンフリーパンが完成しました。アレルギーの子どもさんのことを聞いて、何とかしようという動機が道を開いたのです。もし、「これを作ればニーズがあるから売れる」という気持ちでやっていれば、途中でできない言い訳を見つけてやめていたでしょう。

気づき

動機が大切。諦めない。自分の価値を認めてもらえるようになれば、受け身でいても課題解決のヒントがもらえるようになる。あせりは禁物。

各種プロジェクト始動

横浜市南区にある日枝小学校の先生が来店され、「学校の授業で、米粉のことを生徒と一緒に学ぶ教材にしたいので協力してほしい」と相談を受けました。前年に西区の小学校の授業協力の経験があり、イメージができているのと、米粉のことを知ってもらういい機会なので、即諾しました。

田植えからやりたいということなので、長岡の農家の石橋さんに相談したら、土と苗を持って学校に行くという返事でした。石橋さんたちは学校の花壇に田んぼの土を敷き、田植えの指導をし、日照不足による生育不良や雀（すずめ）の被害に遭わないよう何回も学校に出向き、その後、生徒さんと一緒に稲刈りや脱穀まで行いました。それまでの私の役割は、米粉パンの作り方を教室で実習することと、シフォンはお店の厨房に生徒さん数人を呼んで見学してもらうというものでした。あとはお米をどんなふうに調理して食べるかで、生徒さんの間で意見が分かれたそうです。

「ごはんで食べる」「パンにする」「シフォンにする」の三択です。パンにしたかったようですが、重くてかさばるパン用の調理器具を学校に持ち込んだ時の私の苦労を見た生徒さんが「村上さんがかわいそうだ」と言ったことでシフォンになったそうです。

脱穀した米を粉にするのに、生徒さんが町中の米屋さんに問い合わせ、卓上製粉機を借りて粉にしたようです。三回教室に入りましたが、壁の至る所にお米に関して生徒さんが調べたことや検討したことを書いた模造紙が貼ってあります。私や石橋さんの写真・プロフィール、発言したこと、米粉に対する想いが書いてあって、感激しました。

卒業以来足を踏み入れたことがなかった学校の教室に入って、生徒さんと話をしたり、質問を受けたりと、起業していなかったら体験することはなかったと思うと、感無量です。生徒さんの生き生きとした目を見ると、関わらせていただいたことに感謝でいっぱいです。

二年後にも学年違いで別の形での総合学習に関わり、またその翌年、翌々年にはそれぞれ別の小学校からも声掛けがあって、新たな展開と学びがありました。

店では、就労体験も受け入れています。何らかの精神的な理由で、一般のお店での勤務が厳しい人にカフェでの体験を通じて社会に慣れてもらい、就業を支援している公共施設があります。パンとかスイーツのお店での体験を希望する人が多いので受け入れをしてみないかと声を掛けていただき、やってみることにしました。四名お越しいただき、シフォンのラッピングを手伝っていただき、その後のマルシェでの販売を一緒にしました。尻込みせずお受けしたのは、部品会社の総務の時に社員の労務管理を担当していた経験があり、イメージができていたからです。

ある日、大磯在住の人が来店されました。「ミャンマー大統領の付き添いをしているが、大統領が米粉パンを試食したいとの希望がある。東京なら知っている店があるが、時間がないのでネット検索したらここにあることがわかったので買いたい」とのこと。ミャンマーで米粉パン事業を行うための、参考にするつもりのようです。

数日後、大統領がうちの米粉パンを食べている写真が郵送されてきたことや、ニュースで来日のことが報じられていたので、冷やかしではなかったと思います。その後は連絡がないのでビジネスにはつながりませんでしたが、たとえ依頼があっても、大規模に店舗を運営するノウハウもなく、慣れない海外での諸事情などリスクも大きく、対応はできなかったので、なくて良かったです。

気づき

起業は楽しいこともいっぱいある。

思わぬところで前職の経験が役に立つ。

ホームページを早い段階で開設していると、アクセス数も増え、検索にヒットして来店に繋がる。

■行動を起こすタイミング

グルテンフリーパンが完成間近の頃、一人暮らしの老人や多忙な会社員向けに、添加物不使用で日持ちのする「パンとおむすびの良いとこ取り」商品ができないかと考えました。理由は、不規則な食生活環境であろう人々に、日常的に手軽な食べ物が身近な売り場で提供できたらと考えたからです。グルテンフリーパンはその可能性を秘めていると思いました。

これを実現するには商品力を高めることのほかに、前述した「三つの壁」と新商品が普及する過程でのキャズム（溝）という法則を乗り越えなければなりません。友人知人に相談し、企画を立ててプロジェクトを立ち上げようとしましたが進みません。「まだおまえにはそんな実力はない。時期尚早だ。お金儲けもチラッと考えているだろう」と言われたように思います。「声を掛けられた時が開始する時」と時期を待ちます。

開店して二年が経過し、要領がつかめ、運営ノウハウもそれなりに蓄積されてきたので、いずれ起業を目指す人を対象に、起業相談をしようと漠然と思いつきました。

そのためには試運転が必要なので、モニターを募集して自分の起業経験を伝える企画をしました。内容は「事業構想」「リスク」「資金調達」「事業形態」「開店準備」「開店前後にやること」「税務会計」「集客」などです。一回三時間で二回行いました。参加した人の感想はまずまずでしたが、範囲が広すぎて時間が足りないこと、聞きたい内容が人によって違うこと、私の説明不足などあり、中止しました。まだ教える段階ではないと思いました。

気づき

やってみないと何が足りないのかわからない。自ら企画しても時期尚早の場合もある。人から声を掛けられた時がそのタイミング。

第七章　〈六七歳〉構想実現の「芽」

待望の暖簾分け

二〇一七年七月、長岡市与板に石橋さんご夫妻のお店、農カフェ「田伝むし」がオープンしました。幹線道路の近くですが、見渡す限り田んぼばかりで、時々サギがエサを求めて田んぼに降り立つ場所にあります。

小さなプレハブの建物の中に厨房設備とカウンター、販売スペースがあります。販売しているのは米粉シフォン、甘麹、お米、スムージー、野菜などです。営業日は土、日、水で、一一時から一九時までです。

石橋さんご夫婦はカフェらいさー開店時に私と出会い、米粉シフォン作りを覚えて練習し、最初はマルシェに出店して経験を積みました。その時のお客さんの評判が良いことから、店舗の建設を考えたといいます。農地に建物を建てるには農地法や建築基準法をはじめとするさまざまな法律の規制があり、想像以上の困難があったそうです。

開店日の翌日に様子を聞きに行ったら、長蛇の列が途切れることなく、途中で諦めて帰ったお客さんがいたとのことで、大変な反響だったようです。

農カフェ「田伝むし」は、シフォンのほかに農産物や関連商品の売り上げも寄与し、一年目から黒字の様子です。予想していた通り、農村での資源を遺憾なく活用した好例です。

石橋さんのお母さんは、当初カフェ開業には乗り気ではなかったようですが、マルシェでの人気が高いことから少しずつ関心を示し、協力するようになったようです。開店してからは、自分で育てた野菜の販売をしたり、友達を呼んで自分が作った総菜でお茶を飲みながらおしゃべりをしたりして楽しんでいるとのことです。

農村では子どもの頃からの友達が多く、「○○君がカフェを始めたらしい」と一日で

オープンした「農カフェ　田伝むし」からの眺め

村中に知れ渡るようです。カフェをやっている同級生から、「お店でシフォンを出したいから仕入れたい」との依頼があり、定期的に卸販売を始めているようです。

また、最初の頃はパンまで手が回らなかったのですが、石橋さんの関わっているビアガーデンから「ハンバーガー用にパンの提供ができないか」との打診があったのがきっかけで、最近は米粉パンも始めました。おいしいと評判になり、お店でも販売を始めることになりました。

農カフェ「田伝むし」開店から一カ月後、横浜の食仲間で石橋さんと縁のある人に声を掛けて、お祝いを兼ねて見学に行きました。車で片道四、五時間かかるので、訪問は一回で終わりましたが楽しい思い出です。

起業へ向かって

カフェらいさーの共同運営者であるみっちゃんは、自分のお店を持とうと思えばできる実力があるのですが、当初「お店に張り付いているとやりたいことができないので、私はやらない」と言っていました。ある時、「気が変わったので、ここで営業許可を取ってマルシェやイベントで販売したい」と相談を受けました。屋号は「みっちゃん家のお菓子」です。私と一緒でのマルシェのほかに、独自ルートを開拓し、単独でマルシェにも出店しています。私と関わった人が、一人二人と起業するのを見ると嬉しくなります。

事業構想の時から暖簾分けを想定していたので、起業したい人が望めば厨房を貸して試作や店舗運営の試運転ができるようにするつもりでした。ある日、ボランティアを希望する方が来店しました。その人は現在勤めているところがあり、人手不足でなかなか自由時間が捻出できないが、ここで勉強していずれ自分のお店を持ちたいとのこと。以前にも同じような人がボランティアをしながら起業を目指していて、いざ独立の意思を会社に伝えたら引き留められ、断念したことがありました。環境が整わないとうまくいかず、タイミングを待つことになります。今回も、自然体で接しようと思いました。

その人は、カフェらいさーとして販売手伝いや自分の焼き菓子を出品して、マルシェデビューしました。私の情報に頼ることなく歩き回り、自分で新たなマルシェ出店場所を発掘しています。古民家カフェにオリジナル商品を出品して好評で、ファンもいるようです。

最近カフェらいさーの店舗での営業許可を取得し、みっちゃんと同じく個人事業主として起業しました。

各地へ旅立つ商品たち

長岡在住の「姉さん」が、湯河原にある素敵なレストランの店主と知り合いになり、紹介してくださいました。ある機械メーカーを退職して、奥さまと七年前、湯河原にレストランを開店されたそうです。店内の雰囲気も料理も申し分なく、大満足でした。どこかで料理修業をされたと思いお聞きすると、若い時から食べることが好きで、カウンターで料理人の手捌(てさば)きを見て研究されていたそうです。

手土産にシフォンを少し持ってきたので試食してもらうと、食感と味を気に入ってくれました。そして、「お店でスイーツとして出したいので、レシピを教えてもらえないか」と打診がありました。湯河原でも米粉シフォンの良さを知っていただける良い機会だと思い、二つ返事で引き受けました。お店に伺い、私が作るのを見ていただき、その後に作っていただきましたが、すぐに習熟されたようです。お店の常連さんに好評とのことです。

また、とあるセミナーに参加した時、試食シフォンを気に入ってくださった方がいました。「近々台湾茶カフェを開店するので、米粉パンとシフォンをお店で出したい」と声掛けしていただきました。その時は村上さんのシフォンを出すと決めていましたが、打ち合わせの時に「五年前からカフェを開く計画はしていました」とおっしゃったのです。そんなことは思いもよらず、どこでどんな展開になるかわからないと改めて感じました。

その台湾茶の方から「友人が東京の西永福というところでカフェを始めるので、村上さんのことを話しておいた」「うちによく来る人で、米粉パンやシフォンの味は知っている人だ」とつなげてくれました。フランスパンをとても気に入っていただき、開店日からランチに添えて出していただきました。とても好評なようで追加注文が来ています。

カフェらいさーを開店することを友人知人に知らせた時に、子どもの未来サポートオフィスの米田さんから話がありました。「お店の近くの公共施設内にカフェがあって、村上さんとコンセプトが合うと思うから、米田の名前を出して訪ねてみて」と言われました。伺うと「米田さんの紹介なら安心ね」と言っていただき、シフォンを販売することで話がまとまりました。

気づき

一人の背後には大勢の友達がいる。一人ひとりと誠実な対応、日頃からの情報発信が大切。

第八章　〈六八歳〉区切りの開店五周年

五周年感謝会

開店三周年の時は、大規模なことはできないので記念週間として友人やお世話になった方々に、都合のいい日に来店していただくことにしました。来ていただいたらシフォンとコーヒーでお迎えし、談笑して記念写真を撮り、お土産をお渡しすることにしました。お土産の記念品は、素敵で繊細なタッチのアイシングクッキーを作っている方にお願いしました。米粉と三周年をイメージするような素敵な記念品が出来上がり、来店した方からは「かわいらしくてとても食べられない」と絶賛されました。

二〇一八年十月に「開店五周年感謝会&ライブ」を開催しました。この企画を半年前にふと思いつきました。ここまで続けられたのは出会った方々の応援があったからだと思いました。イベントをSNSで告知したら、総勢五〇人前後の参加となりました。ある友人にポロッと口をすべらせたら、「たかがパン屋が五年くらいでこんな大掛かりな話聞いたことがないわ」と笑われました。私も思わずその通りだと自分の発案ながら噴き出してしまいました。

感謝会の前日に長岡からバンドが来ることになっていて、その打ち合わせ場所へ向かう途中のバスを降りた時、バスの出口ステップからコンクリート道路へ顔から飛び込む形で転びました。鼻と上唇がすりむけて、血だらけとなりました。顔中血だらけのままバンドのメンバーに会うと、心配してくれると思いきや、ケタケタ笑われショックでした。

感謝会当日はバンソウコウを貼って参加者をお迎えしましたが、理由を尋ねる人や慮（おもんばか）って見ないふりをする人に分かれました。これも一つの愛嬌だったのでしょう

開店五周年感謝会＆ライブ会場入り口

か。

祝辞の挨拶と乾杯を元職場の上司にお願いし、起業の経緯を含めた講演を、職業訓練で影響を受けた、日本大学元教授の安村先生にお願いしました。米粉の普及に対する想いを熱く語られ、当時の講座受講の記憶がよみがえりました。参加者も圧倒されたらしく、後で友人が「あの講義を聴けば起業する気になるのは、よくわかる」と言っていました。

起業後の大きな出来事の一つに、小学校の授業協力での生徒さんとの交流がありました。そのことを参加者に知ってほしくて日枝小学校の河原先生に登壇をお願いしました。冗談を交えてよどみなく話していた先生ですが、突然声を詰まらせ、おやっと思いました。授業での悩みが思い出されたのでしょうか。先生は情景が思い浮かぶような話し方で、参加者も聞き入り、感動しきりでした。

感謝会に軽食を用意することになり、みっちゃんにお願いしました。その時に「みすぼらしくないようにしたいよね」とボソッと漏らしたことをみっちゃんは受け止めて、ボランティアの方たちも加わって、種類、量ともそれらしくなりました。料理・

スイーツに目のない食通女子が大勢参加していましたが、気に入っていただけたようで、「花より団子」の様相でした。

コンセプトイラストに込めた想い

五周年感謝会に先立ち、事業目的をわかりやすい形で参加者にお伝えしたいとの思いが湧き、大倉山での自主上映会で出会い、私のことを理解してくださっているプロのママさんデザイナーに、あるお願いをしました。起業を決意して事業構想を立てた時のエッセンスを一枚のイラストに落とし込んだ「コンセプトイラスト」です。

「定年後も働く」とは「人と関わりを持つ」ことだということを、素晴らしい方々との出会いを通して体験しました。起業者が「場所」と「食」を提供し、そこに人が関わるとコミュニケーションが生まれる。米粉が介在すると循環ができ、生態系の維持につながるというものです。

このことに賛同し、行動する人が増えていき、自然豊かで楽しい社会ができていくことを願っています。

五周年感謝会に集った縁ある方々を中心として、これからようやく事業構想の展開のスタートに立ったとの思いを強くしました。感謝会はそのためのセレモニーだったと……。

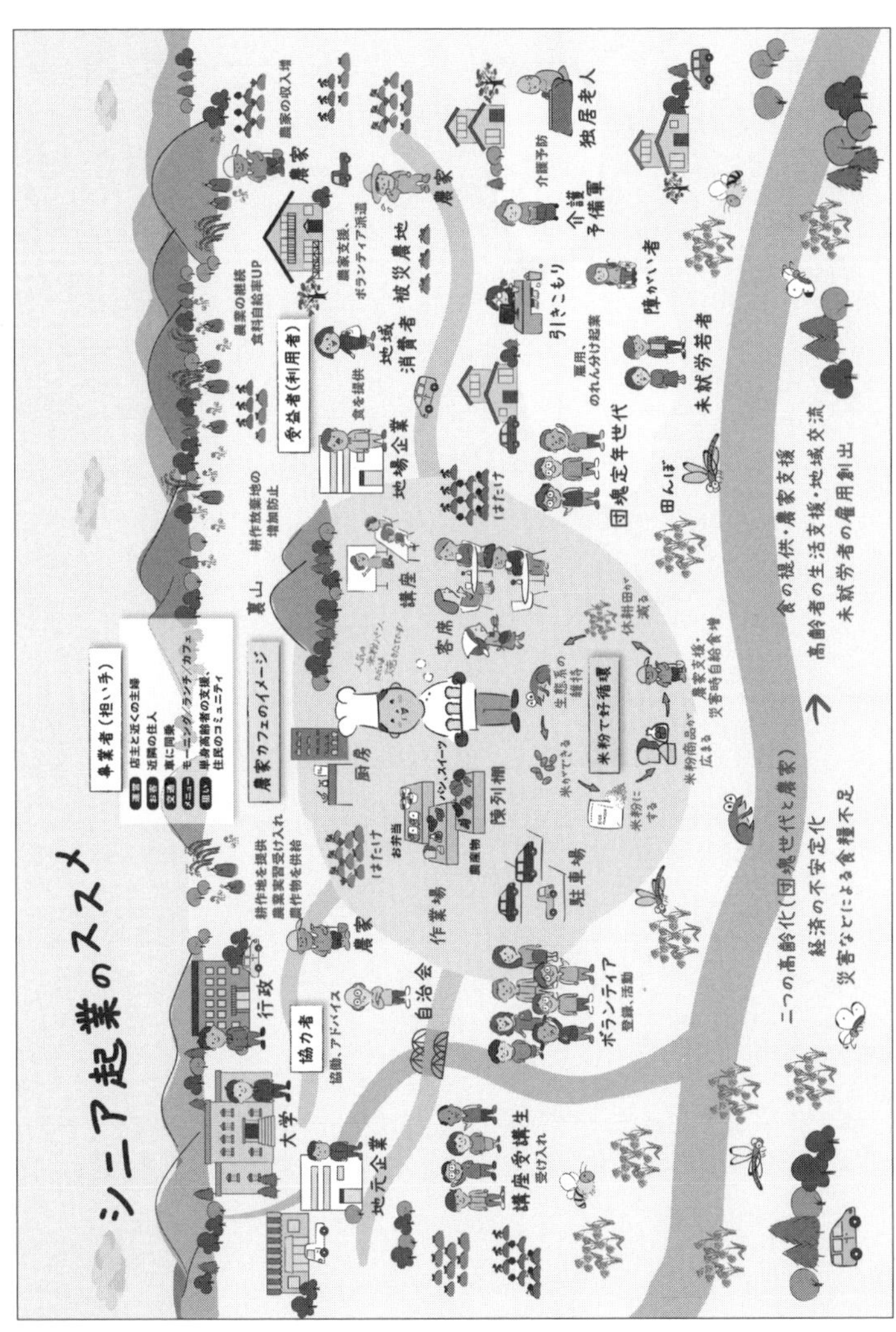

起業時の構想をコンセプトイラスト化

第九章　振り返って思うこと

起業は「気づき」と「学び」

■やってみないとわからない

起業してみてわかったことが大別して二つあります。外から表面的に見ていたことが、体験することと大きく違うという気づき。もう一つは想像すらできないことが起きるということです。やってみないとわかりません。内容は種々雑多、大小いろいろですが、やってみることの意義は「気づき」と「学び」です。私の場合は熱血講師から声を掛けられて、やってみようとなった受け身だったのですが、何が起業のきっかけとなるかは人さまざまだと思います。

■定年後も働くとは「人と関わる」こと

若い時は、生活のためや将来のために、お金を稼ぐ目的で働くことが多いようです。私もそうでした。ある程度の年齢になってくると、人生の楽しみや充実感を得るために働く人が多いように思います。起業すると、今までとは異なる人と接する機会が増えます。定年後も働くとは、私にとっては、「さまざまな人と出会い、交流し、人と関わること」だったと実感しています。現役の頃は組織の中での人間関係が大半であり、組織を離れるとその関係は薄れ、大半はやがて消えていきます。「話し相手のいない世界」への入り口です。起業するということは、新たな人間関係への道筋ができることになります。しかも自分と価値観が合った人を選択することもできます。ゆるやかに仕事をしながら、コミュニティも作れます。

定年とは、一つの組織での労働を「一定の年齢」で終わりにさせる制度であり、働くことをやめるという社会ルールのような共通認識が作られていますが、それは思い込みです。組織内で働いて組織に貢献したことを、組織を離れても働くことで社会に貢献していけばいい。組織での労働が終わったからといって、その人の価値が失われるとか、人生が終わったわけではありません。生活のために働くことは卒業しても、生きがいのために働くことは続けていく。気づきや学びに終わりはないと思います。

■シニア起業とは転職のようなもの

職場を変わる、職種を変わる、職業を変わる。起業と転職の違いは、既に事業基盤があるかどうかだけです。長年会社で勤め上げた人は、ビジネスで鍛えられた能力があるのですから、新入社員とは違って百戦錬磨、存分に力を発揮できます。見えない「心の壁」さえ取り払えば踏み出せます。

■自分史作りで気づいた「自分の役割」

日々の出来事を日記代わりに手軽に記録できるスマホのアプリを見つけたので、生まれてからの出来事を少しずつ思い出しながら入力していました。銀行員時代の出来事をほぼ入力し終え、一〇年ごとの大きな区切りで眺めたら、学ぶ時期、悩む時期、学んだことを発揮する時期があることがわかりました。そして、自分にはある特徴があることを発見したのです。

銀行員時代のことも思い出されました。時代の変化や会社の置かれた環境に対処するために、銀行は対策を立てます。大抵は○○プロジェクトといった部署を設置して企画します。策が承認されると実行に移すのですが、その実行部隊の一員として呼ばれることが多いのです。手形のコンピュータ処理化、不良債権処理専門部署、合併に伴う融資事務指導、信用組合での立て直し……。変化に伴う混乱の中で情報を集め、整理し、対策を立て、ツールを用意して日常化していく役回りともいえます。

今の事業も安村先生方が企画した壮大なプロジェクトを、引き寄せられるように受けてしまったと思えてならないのです。

■農カフェというコミュニティ

岐阜の山あいの実家近くに小さなカフェがあります。モーニングとランチを提供しています。そこには一人暮らしと思われる人たちが相乗りしてやってきます。ひとしきり近況を話し、一時間ほどすると、そこで売っている農産物や食品を買って帰ります。車を運転できる人が通り道の知人を乗せて行き帰りしているようです。超高齢化に入った今、一人暮らしの老人の困りごとは「三食食べること」と「話し相手」ではないでしょうか。

それを解決する一つの方法として、農村にこのようなカフェを作ったらいかがでしょうか。カフェの担い手はシニア起業家と近所の主婦。家賃も安く、新鮮な食材が安く手に入り、必要な量だけ作る。利用者は多くないかもしれませんが、固定費が低いので採算は確保できそうです。お客さんと顔なじみになって、余裕のある時に話し相手になると、お客さんも居心地が良くなってリピートするようになります。今、人のつながりが求められるようになっている気がします。

■起業者自身の生き甲斐と健康

一定期間継続していると、固定客がつき、必要とされる存在になります。人から喜ばれ「役に立っている」という感覚は自身の喜びとなり、励みとなります。また、適度に頭と体を使うので健康も維持しやすいし、食の知識もつくので健康管理もしやすくなります。

シニア起業のコツ

たかだか七年のシニア起業経験でコツなどとおこがましい限りで、起業を考えている人の状況はさまざまです。ただ、私の経験が何らかの参考になるのであればと思い、体験したことや感じたこと、交流のある方々を傍（はた）から見ていて思ったことなどを基に、気がついたことを書いてみました。私の体験をベースに書いていますので、多くの人には当てはまらないかもしれません。けれど、自分のことに置き換えることで参考になることもあるとは思います。

ビジョンを描く

■「起業の目的」を考える

起業の動機や目的は大切です。収入、自己実現、社会貢献等目的はいろいろですが、目的によって目標や手法が違ってきます。理念を熱く語ると共感者が応援してくれます。また迷った時や壁にぶつかった時に、この目的に戻ることによってぶれなくなります。

■宝地図を描く

自分自身が最終的にこうしたいと思ったことを、書き出してみるのもおすすめです。そして時々眺めてみます。後から見てみると何らかの形で実現していることが多いです。

過去を振り返る

■ビジネス経験の棚卸をする

厳しいビジネスの現場で長い間鍛えられてきたスキルが誰にもあります。その時々で必死にこなして自分では気づかないままになっている能力を、一〇年単位で眺めてみると、自分の足跡や特徴が見えてきます。自ら進んで好んでやった業務、人から喜ばれた実績、得意だった仕事などなどです。

■自分の役回りを知る

そうやって今までの仕事の棚卸しをしていくうちに、自分の役回りの特徴が浮かび上がってきます。その役回りに沿ったことを選択すると、うまくいくように思います。

■過去のビジネス経験が役に立つ

起業といっても、基本的には会社員時代と同じです。やることを決めて仕事場を確保し、スキルを身に付けて道具を用意し、運営ノウハウを習得しながら目標に向かって工夫を積み重ねていくわけです。会社勤務時代とあまり変わりません。

自分を信じて進む

■やると決める

会社員ならば、入社する時には会社という組織が既にあり、上司がいて指示に従いながらノウハウを身に付け、会社の経費を使い、問題が発生すれば組織として対応します。規定やマニュアルもあります。

その点、起業は教えてくれる人はいないし、お金の算段も自己責任です。やることは自分で決めます。依存するところはありません。そのことを覚悟する必要がありま す。情報を集め、リスクを想定することも必要だし、開業資金の準備も大事ですが、「やる」と決めない限りなかなか前へは進めません。「やる」と決めて、そのために何をするか？　ないものをどう補うか？　リスクをどう回避するか？　と検討していくと具体的になっていきます。

■資源やスキルは後からついてくる

やると決めて動き出すと、足りないものは後から補充されます。必要に迫られると知恵が湧いて何とかなるものです。

■自分のスタンスを守る

起業する前も後も、友人・知人・お客さんがいろいろ助言してくれます。親切心からなのですが、大部分はセオリーとか、その人の経験の範囲内での知見に基づいての助言が多いです。自分のスキルや資質、持っている資源はそれぞれですから、自分のやりたい方法で自分のスタンスを決め、助言は伺った上で自分に合っているかを判断した方が良いと思います。

あせらず、慣らし運転から始める

■起業手順を知る

具体的に動き出す時は、起業手順を知ることがとても重要です。リスクを最小限に抑えるためには手順を踏むことです。損益分岐点売上高の確保のめどが立たないうちに多額の初期投資をしないことです。特に物件探しをしないこと。物件に惚れ込み、不動産業者から急かされ契約してしまわないことです。

■試運転の大切さ

店舗を構える前に、マルシェ出店などで慣らし運転をしておくとイメージができ、どこにリスクが存在するかのポイントがつかめます。

■小さく始める

これも大事なことですが、シニア起業は大きく儲けることよりも、長く楽しめることに重きをおいた方が良いと思います。うまくいったら少しずつ増やしていけばいいのですから。

■三年後の黒字化を目指す

そうやって起業しても、最初から黒字にはなりません。黒字にするには一定の売上規模（損益分岐点売上高）が必要であり、固定客がつくまでには時間がかかります。また、店舗運営のノウハウ習得には経験が欠かせません。

■欲張らない

売り上げを上げようと思って注文をたくさん受けたり、ネット販売を一気に増やすと、それをこなすのに疲れてしまい、起業の目的やコンセプトからぶれてしまう恐れがあります。やる気がうせてやめることになりかねません。

仲間を増やす

■「やりたいこと」を発信する

心で思っていてもなかなか口に出せないものです。口に出さないと人はわかりませんから、手助けのしようがないのです。やりたいことを口に出すことによって、それを聞いた人が情報をくれたり、友人を紹介してくれるのです。ホームページやSNSで発信するのも有効です。メディアは特集を組む時に過去の報道内容やネット検索をして情報収集します。露出度が高まれば検索でヒットする可能性が高まります。

■人は感情によって動き、理論で追認する

熱意を感じると人は応援したくなるようです。同じ説明でも想いの強弱によって伝わり具合が違ってきます。私の起業の決心に影響を与えた熱血講師や「めびうす」で出会った「本物の起業家」の方々には熱意を感じます。「志」という「熱」が組織や人に化学反応を起こします。

■出会いが事業を拡げる

出会いは、行動することによって起こります。理念や商品、サービス内容を語り、実践する。そのことに賛同、関心を持った人が声を掛け、必要な人に会わせてくれて出会いとなります。誰かがどこかで見ていて、必要な情報を届けてくれます。

■主婦と組む

主婦のスキルは起業に必須です。後述しますが、家事、子育てなどで身に付けたノウハウは起業する上で大いに役立ちます。細切れ時間でもいいので、奥さんをはじめ主婦の人に手伝ってもらうと助かります。

■適度な距離感

紹介やイベントで出会った方々とは、適度な距離感を大切にしています。用件のある時に連絡し、相手の状況に応じて自然体で接します。声を掛けられたら極力受けます。

「依存」や「押し付け」のない関係が長続きするコツのような気がします。

相手の状況は、イベント等にお誘いした時の雰囲気やSNSの投稿でそれとなく察します。

■種を蒔く

声を掛けてもらうには、自分が何を目指して、何をしようとしているのかを知ってもらう必要があります。そのためにイベントやマルシェに出店する。マスメディアに取り上げてもらう。プレゼンで発表する。ホームページやSNSで発信する。残ったものを配る。売り込むのではなく知ってもらう。やれることをやり、そして時期を待つのです。

■理念を語り、試食を用意する

セミナーなどでは理念を語り、食品の場合は実際に試食してもらうと話が弾み、印象に残ります。マルシェでは、「買い損」のリスクを回避したい心理が働くことから、試食はその有効な手段だといえます。食べたものは覚えていて印象に残ります。機会が到来した時に声を掛けてもらえます。

■声を掛けられた時が動く時

声を掛けられるということは、そこに価値を認めてお誘いがあるわけですから、素直に受けてみるというスタンスで臨めば良いと思います。自分の力量は、自分自身ではなかなかわかっていないものです。

■クチコミの利点

一人のお客さまの背後には何人もの知人がいます。目の前の一人に誠実に接していると、自分の知らないところで紹介してくれます。ブログやＳＮＳで紹介してくれていたりします。

■量は質へと変化する

数をこなすと本質が見えてきて、コツのようなものが体得できます。経験していないことは失敗しても諦めず、やり続けているとある時点からポイントがつかめるようになります。

大切なのは商品の力

■磨き上げたいコア商品

運営ノウハウや集客、マーケティングは大事ですが、コンテンツが貧弱だと難しいように思います。商品やサービスを磨くことが大事です。

■商品力と話題性

出店の打診やメディア取材等、声を掛けられるのは「商品力」があり、「話題性」が伴うときに多いように思います。

■うまくいかない時は時期尚早

よく考えた上で行動してもうまくいかない時は、時期が来ていないことが多いように思います。タイミングを待つことも大切です。

インターネットを活用する

■ホームページは営業マン

想定外のところから声が掛かることがあります。さまざまな理由で情報を集めている企業や個人がいて、ネット検索をしています。どんなことで相談があるかもわかりません。見栄えも大事ですが、コンテンツの充実が先だと思います。

■SNSは分身術

どのSNSにもメリット、デメリットはありますが、自分に合うものを選択し、スタンスを決めて使えば、人脈の広がりや交流を深めるのに役立ちます。一度面識ができてしまえば、都度会わなくても情報交換や各種案内などはＳＮＳでも失礼にはならないので、忙しい時は有効です。

起業に伴うリスクを知る

■事業に失敗する要素

綿密に準備して臨んでも、商品やサービスが新しいものにとって代わられたり、新しいアイディアの見込み違い、競合店の出現など環境の変化、借金が返済できない、原材料調達ができなくなる、主力売上先がなくなる、食中毒などによる売上減少など、事業に失敗する要素を挙げればキリがありません。過労、病気入院、けがなどにより事業が継続できなくなることもあります。

また、同じ理念で始めても、運営関係者との意見の食い違いや利益配分、役割分担などの理由で対立し、運営に支障をきたすことがあります。

一般的な傾向として、男性は事前に情報を集めて先々の予測をするが、なかなか踏み出さない。女性は直感で即行動するが、壁にぶつかる。どちらもリスクがあります。

■起業しないというリスクもある

起業はいくら考えても想定外のことは常に発生します。体験するしかないのです。結局やるかやらないかの二つしかないのです。リスクを想定して対策をし、それでもうまくいかなかったのなら納得できないまでも後悔はないように思います。やらないで後悔はしたくないものです。

コラム

起業は健康にも良い!?

一人暮らしのお年寄りが増えてきています。一人暮らしで困ることは多々ありますが、中でも「話し相手がいないこと」ではないでしょうか。話し相手のいない世界を想像してみてください。頭も体も、使わない機能は衰えてしまいます。

起業すると人と関わる機会が増えます。適度に体を動かし、それなりに考えることも出てきます。心身ともに健康維持に役立つと思います。

時代の流れ

■効率から創造へ

商店街の衰退が著しいものとなっています。商店でものを買う人が少なくなり、経営が成り立たなくなって「シャッター通り」になって久しくなりました。

ショッピングモールなどの多店舗化により、消費者は、おしゃれで品数が多くて何でも揃うところへ出かける。ネット販売の影響も大きいでしょう。デフレ下で利益率が低下したメーカーは、薄利多売で利益を得るためにより多くのものを作る。コストを下げるために合理化をトコトン追求する。どのメーカーの商品も品質や価格の差はほとんどなくなり、デザインと必要性の少ない付加機能での競争となっています。グローバル化により、一部の企業の商品やサービスが世界のすみずみにまで行き渡る一方で、ＩＴ技術を駆使した新しいサービスが台頭して業績を伸ばしています。

町の商店街は閑散として地域のコミュニティがなくなりましたが、一部の地域では卓越したアイディアと実行力で活性化している事例もあります。事は単純ではありませんが、これからは多様性、手作り、伝統文化の進化など、創造性が求められるのではないでしょうか。

■消費者が生産者になる時代

私の周りには主婦起業家が大勢います。子育てに悩みながらも奮闘している人や、子育てが終わってやっと自分のやりたいことができるようになったと嬉々として活動している人もいます。自身の「困ったこと」を解決し、そのノウハウを広めようとしている人も増え続けています。

マルシェに出店した時にほかの出店(でみせ)をまわることがありますが、実にいろんな商品やサービスがあります。出店している方々はほとんどが手作り商品で、大量には作れないのですが、丁寧でかわいらしいものが多いです。その方々もまた、消費者でもあり、ほかの出店者の作品をお互い買い合っています。食品添加物を避ける目的で、味噌や甘酒、ケーキなどさまざまな食品を手作りする人も増えています。石鹸などの手作り教室も開催されていて人気です。企業が作ったものを買っていた人が、自分で作れるものは自分で作るようになってきています。

そういう方々は主婦の知恵を生かして、物事を手際よく処理していきます。昔と違って、業務用機器がホームセンターやネットで手軽に安く手に入るようになってい
て、スモールビジネスには最適な環境になってきました。

■お金からコミュニティへ

最近、無料化されたものやサービスが増えています。サーバー容量の飛躍的大容量化により、「メルマガ」「イベント集客」「フォト」「名刺管理」「ホームページ」「税務会計」などのアプリ類、電子書籍の無料読み放題や出版、無料通話など、大勢の人が利用するということは、そこに広告を載せれば多くの人が見て広告効果があるので、利用者は無料のサービスが受けられるというしくみです。

起業に必要な資金調達でさえも、助成金やクラウドファンディングなどが充実、一般にも認知されてきています。利息は不要で元本も返済する必要がありません。人口減少に伴い住宅や商店街、学校などの建物の空きが増えていて、活用してくれる人を探しています。コミュニティに活用すれば人が集まり、周辺の活性化につながることも考えられます。アイディア次第では資金負担なしで活用できそうです。供給過剰であれば、余ったものを足りないところへ回すしくみを作っていけばいい。フードバンクやフリーマーケットはその例で、これからますます無料のサービスやものが加速して、いずれ制度化され、普及していくものと思われます。

フリーエネルギーを活用する技術が実用化されつつあり、消費財を買う必要がなくなるかもしれません。何年か先、お金を使わなくても生活できる日が来るかもしれません。そうなった時、収入を得るための賃金労働から解放される。あり余った時間をどのように充実した時間にするかは自分次第です。人が触れ合う多種多様なコミュニティが、その役割を果たしてくれるかもしれません。

■コミュニティに必要な要素

最近では主婦が、子育て中のママを対象としたイベントを定期的に開催したり、中間支援団体が各地で頻繁にマルシェを開催するのが一般的になってきました。出店する人の商品やサービス内容も多様で、コミュニティや起業支援目的だけでなく、ビジネスとしても成り立つようになってきています。起業者もそれだけ出店機会が広がるということです。

人が集まり楽しむために必要な要素はいくつかありますが、「場所」と「食」があると広がりやすい。一つのコミュニティにどっぷりとなるのではなく、数あるコミュニティの中からいくつかを選び、ゆるやかで適度な距離感をもって参加するためにも、多様性のあるコミュニティが数多くできていくことが望まれます。

主婦の特技が起業に役立つ

日本最大級の起業支援プラットフォームであるドリームゲートのアドバイザーで、

女性起業家とシニア起業家支援団体「めびうすのWA」主宰の松延健児さんが、見落とされがちな「主婦力」の素晴らしさを見いだし、記事にされています。秀逸な分析なので抜粋転載させていただきます。

女性のシニア起業の世界を興味深く観察していると、主婦の強みが見えてきます。特に金銭感覚は顕著に表れます。身近な事例としては、毎日スーパーで5円、10円単位の節約術はたいていの主婦は普通に身に付けている訳で、これが起業の重要なマネジメント力に通じます。起業後間もない時期はどうしても売上は上がりません。そんな時は小さな財布（一般管理費）で、それなりに遣り繰りする創意と工夫が身に付いている主婦はおのずと有利になるのです。また売上アップで収益が確保できるステージになっても浪費はせず、貯蓄や将来の投資に回すファイナンシャルプランニングのバランス感覚もあり、心強い限りです。

シニア起業の多くは年間数百万円の売上サイズが主流で、その単位は家計（年収）のサイズと似ています。つまり現役時代に、数千万・数十億円単位のビジネスで成功を収めたという元企業戦士のノウハウは、シニア起業においては必ずしも有利な経験とは言えないのです。過去のビックビジネスの成功体験を上から目線で振りかざすシニアの方、周囲から煙たがられる傾向にありますのでご注意くださいね（笑）。

また家事においても同様で、洗濯・掃除・買い物・料理などすべてをこなすには、曜日別・時間帯、スケジューリングをする段取り力（計画）、その計画を突然の来訪や天候等の不確定な要因も含めて柔軟に変更実践する即決力は、主婦の持つ貴重なスキルと言えるでしょう。

子育て経験も起業の武器の一つになります。子育ては日々問題山積で、食事、友達関係、学業、部活、塾、習い事、病気などなど次々に問題を解決してゆかねばなりません。常に即断即決力が求められます。「上司に相談してから検討させて頂きます」という思考回路では、間に合わないことも多く、問題の先延ばしは命に関わることさえあるからです。そして親としてブレない姿勢、子どもと正面から向き合い、眼を見て話すことで、愛情豊かで心配りのあるコミュニケーション力も身に付きます。これらは人間力として表情や品格に現われ、ビジネスの世界では力強い武器となることでしょう。

引用元：日本最大級の起業支援プラットフォーム　ドリームゲート「コラム」人生一〇〇年時代!!　シニア起業のススメ。〜家事・子育て・家計管理、主婦経験が起業のための武器になる理由〜

https://www.dreamgate.gr.jp/contents/column/c-businessplan/61807

私の事業は道半ば

起業前に事業構想を立てたことは前述しましたが、構想を実現するための道のりとして、やるべき項目を時系列的に目標設定して図式化しました。

進捗状況を節目ごとに確認して、未実現項目の対策やプレゼンの資料として活用したり、ＳＮＳで時々発信して応援してくださる方々へ報告するようにしています。

五周年感謝会の際に参加者に説明した時点では、子事業体への暖簾(のれん)分け一号が前年に実現していて、後に続く方々も出始めていました。主力商品や新商品も整い、販路

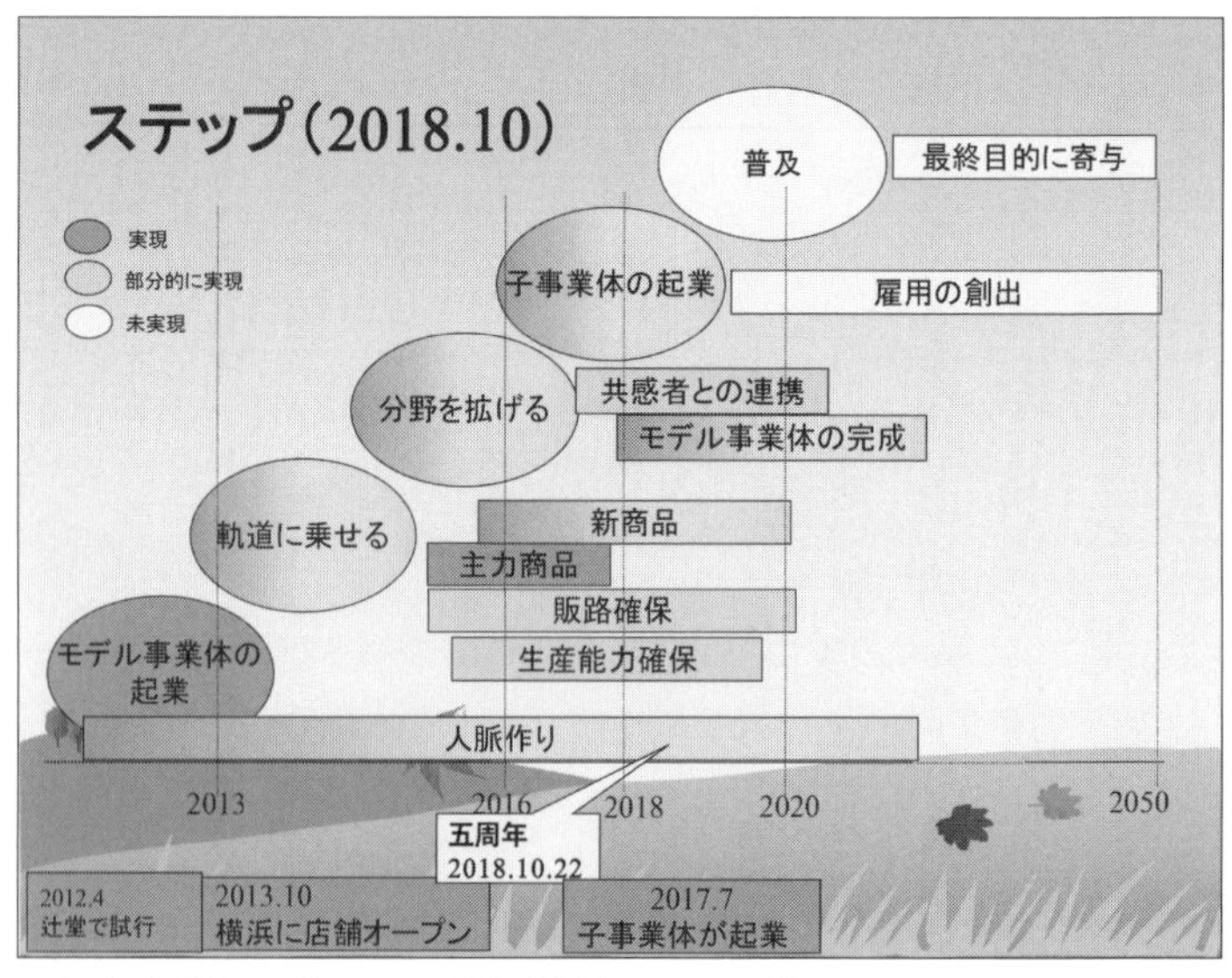

五周年感謝会で説明した「事業構想ステップ」

確保や人脈も広がりつつありました。

一方、生産能力や雇用の創出には至っておらず、最終目的の米粉の消費拡大や耕作放棄地の減少はまだまだです。

これからもモデル事業体の実践をしつつ、活動状況を幅広く発信して、担い手となってくださる方の発掘に努めたいと思います。

この本がそのきっかけになることを願っています。

おわりに

私が本を出版しようと思った理由は二つあります。

一つは私の目指すこと、「米粉カフェ起業によるコミュニティ形成」を担っていただけそうな方に、行動を起こすきっかけにしていただきたいこと。

二つ目は、起業を考えている方々が、リスクを少しでも抑え、楽しい起業ができるように、「私の体験」を参考にしていただくことです。

起業に関する本は数多くありますが、長年、銀行の現場で融資・営業を担当し、部品メーカーで経理・総務・原価計算の実務を経験し、パン屋を一から立ち上げて得た「理論と実践」を兼ねたノウハウは、多くはないと思います。

本のタイトルにあるように、「シニア起業は宝の山」です。

掘り出す宝は人それぞれですが、共通していることがあります。

それは、さまざまな出会いを通じて人と交流することです。

一般的に、老後は人との接点が減り、淋しくなりがちですが、交流する機会を持つと変わってきます。

応援され、人から頼りにされることのやりがい、志を同じくする人への共感、新しいことに出会ったときのワクワク感、自分の言動が人の喜びを生むことの感動、思い描いたことが実現する満足感……。

今までの仕事で培ってきた「智恵のコンパス（アンテナ）」と、「乗り越えてきた自信というツルハシ（スコップ）」を使って、宝を掘り当て、豊かなシニア時代を送りたいものです。

横浜にお店をオープンして六年が経った二〇一九年の秋頃、長岡の山の麓の蔵を活用した自給自足計画が持ち上がり、「姉さん」から私にも声が掛かりました。本格的に立ち上げるのはまだ先なので、横浜のお店を閉める準備を整えて、一年半後をめどに、長岡へ移住するつもりでした。

二〇二〇年、新型コロナウイルス禍があり、予定を早めて三月に移住しました。自然豊かな長岡で、コンセプトイラストに描いたことの実現を目指そうと思っています。

図らずも、事業構想で想定したコンセプトイラストにピッタリの環境です。「災害等によるインフラ途絶や食糧難に対処する準備を始めなさい」と言われているように感じています。

これからの社会は、大量生産大量消費ではなく、地域内自給自足に向かうのではないかと思っています。自然界と共存しながら、自然の恵みを大切にして循環型社会を模索していく時代の到来です。

私自身も、銀行、自動車部品会社、パン屋を体験し、サービス業、製造業、加工・小売りを経て一次産業の農業へと進む流れに乗っています。

会社員を体験し、起業したからこそ見えてきたことがあります。

自分で商品を作り、販路を開拓し、採算を考えることで、それぞれの立場を意識するようになり、作ることの大変さ、大切さを知り、食材の重要性を認識できました。

そして今度は農作物を作る――。

九年前に立てた事業構想を振り返ると、災害等による食糧難想定が新型コロナウイルス禍というかたちによって現実化するかもしれない今、改めて安村先生の提唱された田園都市構想の意義を考えてみたいと思うのです。

謝辞

山崎雅子さんはじめ、マルシェなどに誘っていただいた方、村田明美さんはじめ出会いを作ってくださった方、担い手となってくれた石橋夫妻、シフォン教室を通じて米粉の良さを広げてくださった方、この事業を幅広く伝えてくれた各種メディア、米田佐知子さんはじめ事業の進め方をアドバイスくださった方、職業訓練講座で起業を促した安村先生や講座運営団体の方、職業訓練講座で行動を共にした受講生仲間、授業テーマに米粉のことを取り入れてくれた小学校の先生や生徒たち、商品を気に入ってリピーターとなった方や素敵な感想をくれた方、SNS等で商品の紹介をして拡散してくれた方、レシピ提供や商品開発のアイディアをくださった方、店舗運営を支えてくれたみっちゃんやボランティアの方、長岡の知人を数多く紹介し長岡の地へ呼んでくれた「姉さん」……。

どれだけ励まされたかわかりません。

ここには記載できなかった、「カフェらいさー」に関わってくださった多くの方の協力がなければここまでたどり着けませんでした。

最後になりましたが、題名にぴったりで素敵な題字を書いてくださった矢野真美さん、文芸社の越前利文さん、今泉ちえさんに感謝申し上げます。

冷やかし半分で参加した出版説明会でしたが、担当の越前さんに「本の内容は、多くのシニアが抱えている漠然とした不安に道筋を示し、希望を与えるものだ。私の知人たちに本をプレゼントしたい」と後押ししていただき、書籍化を決意しました。

今泉さんには、私の拙い原稿をわかりやすい構成、切れの良い表現に変身させ、独りよがりな文章を普遍性のある形にまとめていただきました。

お二人のご尽力がなければ、実現は叶わなかったです。改めて感謝申し上げます。

二〇二〇年四月

村上孝博

著者プロフィール

村上 孝博（むらかみ たかひろ）

1950年、岐阜県に生まれる。

大手銀行に入行後、営業・融資を長年担当。地域金融機関の立て直しに従事したのち、トヨタ系自動車部品会社に勤務。定年退職後、起業準備し2013年に米粉パン店を開業。2015年、合同会社カフェらいさー設立。

シニア起業家としてテレビ・新聞などでの報道多数。

著書に、『シニア起業の「壁」は「心の壁」 元銀行員が定年後に米粉パン屋を起業してわかったこと』（Amazon Kindkle版、2019年）がある。

※本書は、2019年に電子書籍として出版された上記の作品を改題・改稿・加筆のうえ、書籍化したものです。

シニア起業は宝の山 元銀行員がパン屋を始めてわかったこと

2020年 9 月15日　初版第 1 刷発行

著　者　村上 孝博
発行者　瓜谷 綱延
発行所　株式会社文芸社
〒160-0022 東京都新宿区新宿1－10－1
電話 03-5369-3060（代表）
03-5369-2299（販売）

印刷所　株式会社フクイン

ISBN978-4-286-21863-2